새 희망 찾기

새 희망 찾기

장근상 편저

고두미

나에게 소중하고 아름다운 사람으로
항상 내 곁에서 응원해주시는

님께

동행의 진심을 담아
이 책을 선물로 드리게 되어
매우 기쁘게 생각합니다.

이제부터는
아름다운 꿈을 이루어
성공한 삶으로
이웃과 사회에 빛나는 별이 되기를
진심으로 희망합니다
감사합니다! 덕분입니다!

년 월 일

드림

책머리에

요즘은 든 사람이나 난 사람은 많아도 된 사람을 만나기가 하늘의 별을 따는 것처럼 너무도 어려운 세상이 되었습니다. 물질과 지식은 차고 넘치는 데 반해 바른 인성을 갖추어 시대를 이끌 지도자는 전무하다시피 한 것이 현실입니다.

자고로 인간은 사회적 동물이라고 했음에도 요즘 우리 사회는 서로에 대해 신뢰하지 못하다 보니, 자꾸만 늘어나는 것이 불평불만이고 남 탓을 하는데 일말의 주저함도 없이 마구 내뱉는 통에 사회가 점점 더 어려워지고, 그야말로 갈수록 태산이란 말이 실감날 정도로 병든 환자처럼 인성이 깨진 사람이 자꾸만 늘어나고 넘쳐나는 병든 사회로 빠져들고 있음에도 이를 바르게 잡을 지도자나 멘토, 참다운 지식인은 안타깝게도 보이질 않습니다.

이처럼 병들어 가는 사회를 그냥 방치했다가는 우리도 모르는 사이에 사회의 암으로 발전하여 시대의 아픔을 톡톡히 겪어야 할지도 모를 일입니다. 황금만능의 폐해 속에서 깨져버린 인성을 치유하고, 바른 인성을 회복하여 이웃과 사회를 이롭게 할 수 있는 새로운 패러다임이 절실히 요구된다 하겠습니다.

저는 가난이라는 모순을 깨기 위해 성공한 삶을 살고 싶어서 성공에 대해 공부하다가 6년여 전에 페친인 창원의 정혜정 도반님의 소개로 이 정법을 접하게 된 후 저에게 있던 수많은 모순들을 알 수 있었으며, 그 모순들을 바로잡기 위한 노력으로 지금에까지 이를 수 있게 되었습니다.

바름과 착함을 바르게 분별하는 공부, 상식의 지식과 진리의 지식을 바르게 분별하는 공부, 바른 인간관계와 대자연의 법칙 등등, 생활에서 빚어지는 온갖 모순들에 대한 바른 분별에 대해 공부를 하며, 바른 삶을 위해 갖추어야하는 것들 까지, 오만 가지 유형들의 삶에 대한 질문에 답을 내놓으신 천공 스승님의 법문 강의를 들을 수 있다는 것은 세상 어디에도 없는 유일한 행운이고 무량한 복이라고 생각을 합니다. 들으면 들을수록 삶의 의미는 깊어지는 것 같습니다.

그동안 공부를 거듭하면서 느끼게 된 정법은 걸림이 없는 자유이며, 누구나의 자신을 비춰보고 모순을 찾을 수 있는 거울과도 같다는 생각입니다. 지쳐버린 상식의 시대에서 새로운 희망의 시대를 열 수 있고, 우리 시대와 미래 시대를 위한 신패러다임인 '바르게 사는 법-정법'을, 이웃과 사회를 위해 소개하고 전달하는 것이 홍익인간 1세대로서 나의 사명에 십분 부합한다는 생각에, 감히 그간 느낀 점들에 대해 미약하지만 작은 책으로 엮어서 우리 사회를 위한 작은 선물이 되기를 희망하는 마음으로 이 세상에 내놓고자 합니다. 정법을 처음 접하게 되는 사람들에게는 다가서기 쉽고 편안한 길잡이 역할도 기대하며, 이미 정법을 공부 중에 드신 우리 정법가족들이 자신의 이웃들에게 정법을 전하는 데에도 잘 쓰일 수 있었으면 좋겠습니다. 또한 우리 정법가족들의 리더들에게도 자신들의 건강한 조직을 위해 이번에 내놓는 책이 유용하게 쓰이는데 일조가 되었으면 좋겠다는 바람도 가져봅니다.

그리고 선뜻 저의 호의를 받아주어 도반으로 인연이 된 우리 이의종, 박양성, 유지순, 김하정 님들과 만날 때마다 아낌없이 응원해주시는 우리 충청지부 정법가족 여러분들, 또한 정법을 알아보기 위해 정법강의를 열심히 듣고 있는 미래의 도반님이 되실 주변의 여러 사람들에게도 이 자리를 빌려 심심한 감사를 전합니다.

그리고 마침 신록의 오월에 세상의 빛을 봄으로써 이 세상을 따뜻하게 할 사회의 아들로 잘 자라서 훌륭한 일을 펼칠 수 있기를 바라는 마음으로 우리 손주 장 후!의 탄생을 기쁘고 감사한 마음으로 맞이합니다.

더불어 우리 사는 세상이 '바르게 사는 법-정법'으로 하나 되는 세상을 꿈꾸면서, 이웃과 사회와 나라와 인류가 항상 평화롭고 행복하기를 진심으로 축원합니다.

우리 인연 여러분! 항상 감사합니다! 덕분입니다!

2022년 7월

장근상

새 희망 찾기

차례

제1부 새로운 희망, 正法은 새로운 삶이 되다

제2부 正法, 공부를 나누다

1

새로운 희망, 正法은 새로운 삶이 되다

실천하는 것이 지혜입니다

법화경에 보면 먼 옛날에 '상불경 스님'이라고 있었답니다.

이 스님은 사람들을 만날 때마다 말하기를 "저는 여러분을 마음속 깊이 존경하며 가벼이 여기거나 업신여기지 않습니다. 왜냐하면 여러분은 모두 보살도를 닦아 반드시 성불하실 분이기 때문입니다."

여러 해 동안 그는 그렇게 말을 하고 다녔다고 합니다. 이와 관련하여 "세존"께서 말씀하시기를 "만약 내가 과거세에 이 법화경을 수지하고 읽고 외우며 사람을 위해 설하지 않았더라면 이렇게 빨리 아뇩다라삼막삼보리를 얻을 수 없었을 것이니라."

상불경의 뜻은 '항상 업신여기지 않는 자'를 일컫는다고 합니다.

지금 우리사회에 만연하고 있는 상대에 대한 불신과 인정하지 않으려는 태도는 이 사회의 발전을 막고 있는 가장 큰 요인이라 할 수 있을 것입니다.

자신의 인성이 갖춰짐이 없으면 상대에 대한 존중이나 인정은 일어나질 않는다는 것을 먼저 알아야 하고, 상대는 상대로부터의 존중과 인정을 받지 못하는 것 또한 자신에게서 찾을 줄 아는 지혜가 있어야 한다는 것입니다.

일방적인 사랑은 욕심에 의한 집착이지 진정한 사랑이 될 수 없을 것입니다.

먼저 서로 격에 맞는 갖춤이 있어야 존중과 존경을 일으키게 되어 있는 것이 자연의 법칙임을 깨달아야만 창조적 바른 인간관계가 이뤄질 것이라고 합니다.

우리는 "아는 만큼 보이고 아는 만큼 행동할 수 있다"고 하는 말을 자주 듣고 있습니다. 맞는 말이다 싶으면서도 왠지 한 번 되짚어 봐야 한다는 생각입니다. 그냥 상식처럼 그렇게 알고 있는 거와 알고 있는 것을 행동으로 실천하는 것과는 하늘과 땅의 차이만큼 크다 할 것입니다.

부처께서 위에서 말씀하신 것처럼 행동하지 않으면 이웃을 도울 수 있는 지혜는 결코 나오지 않는다는 것을 역설하고 있는 것입니다.

이 시대를 살아가는 우리 홍익인간들 또한 이와 조금도 다를 바가 없다고 생각합니다.

'바르게 사는 법-정법'을 알고 있는 거와 알게 된 정법을 바르게 실천할 수 있는 갖춤이 있게끔 스스로 노력하는 삶의 차이는 시간이 지나면 확연히 나타난다고 스승님께서 말씀 하십니다.

"상대를 존중하라."라는 법문과 "정법을 알고 네가 좋아졌다면 네 앞에 오는 어려운 사람을 도와라. 네가 찾았듯 그에게 정법을 주어라. 보시 중에 최고의 보시는 법 보시이다."

이는 유튜브 정법강의 10512강 중에 있는 법문으로 핵심은 "네가 좋아졌다면…정법을 주어라." 하신 것은 우리에게 실천의 지혜를 말씀하신 것으로 이해가 되며, 또한 먼저 정법을 만나 좋아진 우리가 이웃과 사회를 위해 행동할 수 있는 명분을 분명하게 가르침을 주시고 있는 것입니다.

정법을 만나 좋아진 우리가 서로 만나면 재미가 나고 소통이 되어 즐거운 것처럼 어려움에 처한 이웃들에게 정법을 주어 그들도 너희처럼 즐겁게 살 수 있도록 해야 한다고 하신 말씀을 잊지 말고 가슴 깊이 새겨야 할 것입니다.

옛날의 상불경 스님처럼 주위 사람들에게 무식한 자라고 놀림을 당하고 돌팔매질을 당한들 무슨 대수가 되겠습니까.

지금 시대는 배움이 많아 저마다 상식의 지식이 충만한 때이고 보니 자기들도 모르는 사이에 고집의 식이 두터워진 것을 자기 스스로 모르다 보니 쉽게 진리의 지식인 정법을 받아들이지 못하는 것일 뿐 스승님의 말씀처럼 "정법을 알고도 그럴 사람은 없습니다." 이 얼마나 시의적절한 말씀입니까. 정법을 알게 하려면 정법이 있음을 주위에 알려야 그들도 정법이 뭔지 알게 되기 때문입니다.

우리가 먼저 겪어서 알듯이 누군가 정법을 만나 자기 상식이 깨지게 되면 비로소 자신이 어렵고 힘들게 된 모순을 찾아내게 되어 새로운 삶의 희망을 보게 될 것이라는 것을 알려 주신 것이지요. 이는 우리가 그간의 상식이 깨지는 것들을 삶에서 경험으로 증명하고 있기에 정법이 진리의 지식임이 증명이 되었다고 봐도 무방할 것입니다.

그러나 정법이 아무리 좋다고 한들 나만 알고 있으면 무슨 소용이 있겠습니까.

상불경 스님처럼 이웃을 위해 평소의 삶에서 이웃을 위해 실천하는 사람이 지혜로운 사람일 것입니다.

배고픈 옛날에는 콩 한 쪽도 나눠먹어야 미덕이라 했지만 이제는 시대가 바뀌어 물질보다는 바른 분별력을 키울 수 있는 진리의 지식인 양식을 나눠야 하는 시대로 변했음을 알라고 일깨워주시는 분이 천공 스승님이십니다.

상식의 지식은 높을수록 강해지고 굳어져서 융통성이 없으므로 소통이 일어나지 못한다고 합니다. 이 불통의 답답함을 뚫고 충돌과 파괴를 막을 수 있는 것은 오직 진리의 지식인 대자연의 법칙, 즉, '바르게 사는 법-정법'만이 인간의 본성인 평화를 되찾고 행복한 삶을 살 수 있게 된다고 합니다.

인류 안에서 제각각 나눠진 나라들은 결국 생각의 쪼개짐에서 비롯되어 분쟁과 전쟁이 끊이질 않는 것이 지금까지의 인류 역사입니다.

이 쪼개지고 굳어진 상식의 생각을 하나로 통일할 수 있는 것은 인류가 하나의 이념으로 통일되는 길밖에 없다고 하는 것에 전적으로 동의합니다.

지금까지의 각 나라도 종교도 각기 다른 논리를 이념화해서 성장했기 때문에 자기식의 편에 머무르며 충돌을 야기하곤 했던 것임을 알 수가 있을 것입니다.

이제는 인류를 위한 것도, 발전적이지도 못한 이런 사적인 논리에서 벗어나야 할 때가 도래했으며, 색색이 다른 지구상의 논리들을 하나로 통일할 수 있는 이념은 바로 우리들의 이념인 "사람을 널리 이롭게 하라-홍익이념"밖에 없다고 합니다.

우리 홍익인간들은 홍익인간 인성 교육으로 생활도를 닦아 인류를 이롭게 하기 위해 홍익이념을 실천함으로써 인류공영에 이바지하게 되어 홍익인간의 사명을 완수하는 것이 되고, 그럴 때 인류에 빛나는 별이 되어 부모조상님께도 효도가 되어 우리 모두가 해탈하여 비로소 천상에 들 수 있음을 법문으로 누누이 들어 알 수 있게 되었습니다.

저마다 하고자 하는 일을 하기 위해서는 작든 크든 실천하지 않고 이루어지는 것은 없습니다. 이제는 바르게 아는 것을 바르게 실천하는 지혜만이 이웃에서부터 인류까지 이롭게 할 수 있을 것입니다. 이것이 이 시대를 사는 우리 홍익인간들의 의무와 책임의 몫이기도 합니다.

누군가의 생각이 실천된 것이 지금의 세상입니다.

삼월에 다지는 마음

삼월의 매서운 비바람은 새로운 곳을 향한 희망이었습니다.

겨우내 식었던 움추림을 펴기 위한 따스함이 열정을 내기 시작했고, 점차 불의 기운으로 빼꼼이 얼굴 내미는 여린 새싹은 우리의 모습입니다.

삼월의 선을 넘는 시간 속으로 하나 둘 이웃들이 나타나 손에 손을 잡게 하고 어깨까지 내어줍니다.

이제 우리에게는 우리가 서로 따뜻한 손을 잡고 든든한 어깨를 나누며 푸른 사명을 들고 함께 가야 할 길이 있고, 그 길에는 건너야할 강도 있고 넘어야할 산도 많이 있을 것입니다.

우리가 함께 가야 하는 길은 우리들의 용기와 부단한 노력을 필요로 하기에 나는 선을 넘어 새로운 사월의 땅을 밟기 전 힘에 겨운 숨을 고르며 희망의 기도를 합니다.

뜻있고 보람되며 즐겁고 끝내 빛나는 삶을 함께 하게 될 인연들이 하나 둘 모여서 큰 숲을 이루길 바라고, 내가 접하는 인연들이 하나같이 귀하고 소중하기에 한 사람 한사람을 존중하고 겸손하게 대할 수 있는 고도의 질량을 갖춘 사람이 되기 위해 끊임없이 노력하겠다고 굳게 다짐을 합니다.

오직 나의 희망은 이웃과 사회와 나라와 인류를 이롭고 행복하게 하는 이념이 있는 삶을 펼치는 것입니다.

이를 위해 지금은 작은 나로 시작하지만 뜻이 맞아 이념이 하나로 같아 함께 행동하고 함께 나눌 수 있는 우리라는 이름으로 삶이 빛나면, 모든 것을 함께 한 우리는 '이친나라'라는 은하가 되어 영원히 빛나는 별들이 될 것입니다.

그리 되면 다음 세상을 사는 누군가가 실수하여 어렵고 힘든 늪에 빠졌을 때 우리의 빛을 보고는 자신도 희망을 찾아 삶을 빛나게 하려고 큰 용기를 내어 노력할 것이라는 생각이 듭니다.

우리들의 삶은 별의 시간이며 별의 길을 가는 것입니다.

욕심을 내면 삶이 흔들립니다

욕심을 내면 낼수록 삶은 흔들리게 됩니다.

흔들리지 않는 삶을 살기 위해서는 무심의 마음을 갖추어야 합니다.

무심은 자신을 위한 사적인 작은 마음이 아니라 사에서 벗어나 이웃과 사회를 위하는 큰마음을 말하며, 수신을 한 후 스스로 추구하는 삶은 오로지 이웃과 사회를 위하는 마음이 한결같습니다. 자신의 소질을 바탕으로 삶이 어느 정도 유지되면 다음으로 반드시 해야 할 것이 바로 이념을 갖는 일이라고 합니다.

국가, 종교, 기업이 이념을 가지고 성장과 팽창을 이뤘음을 비추어 볼 때, 이제부터는 우리 개인들도 저마다 맞는 이념을 가져야 삶이 안정되고 풍요로워질 것입니다.

뜻이 높은 이념을 세워 사회를 위한다면, 그래서 자신의 삶이 빛난다면 그때야 비로소 후손된 도리를 하게 되어 부모 조상님께 효를 행하게 된다고 합니다.

나의 삶이 즐거우면 부모님이 즐겁고, 거기에 더해 내가 기쁘면 조상님들 또한 기쁘고, 내가 궁극적으로 행복한 삶을 살게 되면 모든 조상님들이 행복해져서 비로소 모든 업을 벗고 해탈하게 된다고 합니다.

그러므로 나의 삶은 나 혼자로 끝나는 게 아니라 위로는 선조님들로부터 아래로는 후손들에까지 그 후광이 미치게 됨으로 각별히 노력하여 반드시 빛나는 삶을 살아야 할 의무와 책임이 막중하다 할 것입니다.

그 막중한 책임을 다하는 방법으로는 "바르게 사는 법-정법"에서 역설되는 홍익4행도를 좌우명으로 삼아 답을 찾아 행하는 삶을 펼친다면 비로소 삶은 천하에 빛나게 되어 효를 행하는 것이 될 것입니다.

그러므로 나는 이웃과 사회와 나라와 인류를 위해 무엇을 해야 하는가?를 항상 가슴에 새기고 이 사회를 이롭게 하는 언행을 행할 수 있게 실력과 능력을 키워 자기 자신을 갖추어 빛나는 삶을 살아야 할 것입니다.

이는 이타행을 실천함으로써 공인의 삶을 사는 사람은 자신을 위해 욕심을 내지 않음으로써 삶이 여유롭고 안정되어 흔들림이 없는 삶을 살게 되는 것이 자연의 이치라고 합니다.

지금 자신의 삶이 어렵고 힘들어져서 흔들린다면 그것은 대부분 사적인 욕심의 결과로 인한 것임을 알아야하며, 지금부터 자신의 모순을 찾아 바로 잡아야 할 때입니다.

나의 과거 현재 미래

나는 무지했으므로 가난했고 뼈저리게 가난했기에 반드시 성공해야만 한다는 것이 내 지난날의 자화상입니다. 맹신도 하나의 기복이라는 것과 가난도 죄가 될 수 있다는 것도 나는 비로소 가난이라는 고통의 늪에 빠져보고 나서야 알게 되었습니다. 주변 누구나 가난했던 어린 시절에는 가난이 무엇인지를 알지를 못했고, 나라가 가난을 조금씩 벗을 때 우리 주변의 환경도 차츰 나아졌지만 그렇다고 해서 나는 돈에 대한 개념이나 욕심이 없었기에 물질의 중요성을 알지 못한 채 성년이 되고 가장이 되고 사회의 일원이 되었습니다. 인생은 그저 그렇게 살면 다 되는 줄 알았고 그것이 전부였습니다.

나의 인생에 있어 삶의 목표나 목적은 근본도 없는 나의 개똥철학이 대신했고, 물질의 갖춤도 지식의 갖춤도 도외시한 체 '나는 누가 뭐래도 잘 될 것이다.'라는 나 자신에 대한 맹신을 하고 살았던 것이 끝내 돌이킬 수 없는 후회로 다가와 눈물의 땅을 쳐야만 했습니다.

정신을 가다듬은 후 나의 무지를 인정하고 새롭게 찾아 나선 것이 성공이라는 화두입니다. 마치 형벌과도 같은 이 지긋지긋한 가난을 깨기 위한 성공이라는 화두! 성공은 무엇이고 어떻게 해야 성공할 수 있을까?에 대한 답을 얻기 위해 밥은 굶어도 성공을 위해 책은 사서 읽었습니다. 성공자! 그들은 어떻게 해서 상위 1프로의 삶을 살게 되었을까? 묻고 보고 살피면서 나만의 성공방식을 찾기 위해 노력하였습니다. 성공을 향한 노력이 어느덧 10여 년의 세월이 지나가고 있었습니다. 성공한 삶을 위해서는 최소한의 비용으로 삶을 꾸려야 했고, 결국 그것이 헛되지 않았는지 드디어 성공을 향해 출발할 수 있는 토대가 마련되기 시작하였습니다. 10여 년을 줄기차게 노력한 결과 기록문화 콘텐츠인 '황금노트북'이라는 결과물을 손에 들 수 있었습니다. '그래, 이 정도라면 개천에서 용이 난다는 것을 입증하기에 충분할 것이다.' 이렇듯 확신에 찬 나는 성공에 관한 마침표까지 찍어뒀습니다. '조화풍요 세인이행-다섯 가지 풍요를 조화롭게 갖추어서 세상과 사람들을 이롭고 행복하게 한다.' 이는 목표와 목적을 담은 것으로 나와 함께할 우리의 이념이기도 합니다. 나는 성공의 궁극적인 면까지 최선으로 갖췄다는 생각입니다.

그런데 모르는 것이 있었습니다. 2를 펼치기 위해서는 1을 반드시 갖추어야 한다는 것을. 물질은 더 많은 물질을 낳고 지식은 더 좋은 지식을 낳을 수 있다는 것을 너무 늦게 알게 되었던 것입니다. 마중물이 없이는 그 어떤 것도 나올 수 없듯이 기본이 없으면 그 다음은 없다는 것입니다.

창원에 사는 정혜정 도반님의 정성으로 2016년 1월 10일부터 해서 정법을 귀 기울여 듣기 시작하였고, 강의를 들으면 들을수록 나의 꿈이 현실화될 것 같았습니다.

최선으로 설계된 황금노트북 출판 사업에 이 정법이 더해진다면 그것은 최고로 크고 아름다운 성공을 이룰 수 있다는 믿음을 가지게 되었습니다.

지금의 나의 현재 상황은 정법강의를 듣기 시작한 후인 2019년 4월 13일 아산 법문장에서 처음으로 스승님을 지근거리에서 뵙고 질문을 드린 것으로 대신하고자 합니다. 정법강의 8593강의3:10초부터 주신 말씀이다.

내가 듣기로는 앞으로 책을 쓴다고 했는데, 그것은 위험한 발상일 수가 있다. 이제부터는 책을 쓰더라도 혼자서 발상을 한 것을 가지고 그것을 밖에다 내놓지 마라. 나 혼자 발상을 한 것은 누군가와 팀을 만들어서 같이 풀어가라. 앞으로는 융합시대이다. 내가 생각한 것을 내놓는 자체도 이 사회에 진짜로 바르게 나왔는지, 그것은 따져봐야 된다. 지금은 전부 다 자기의 논리를 가지는 시대다. 자기의 논리가 지식이 되고, 지식이 발전해서 이것이 상식이 되고, 이 상식 자체가 지금 사이며 사기이다. 이것은 논리에서 빚어진 지식이기 때문에 이것을 가지고 정리를 해서 내 사견을 만드는데, 이것은 곧 상식이고 사견인 것이다. 상식을 가지고 이것을 답이라고 내놓는다면, 이것은 사를 가지고 답이라고 또는 정이라고 내놓는 것이기 때문에, 이것으로 인해 내가 다시 어려움에 처하게 돼 있다. 그래서 사견으로 해서 상식으로 책을 쓴 것은 인기가 없다. 요즘은 그런 책을 보지도 않으려고 든다. 우리는 융합을 해야 된다. 무엇인가 하나의 의견을 꺼내서는 내가 이것을 맞다라고 하면 안 되고 우리가 맞다라고 해야 된다. 우리가 맞다라고 하는 것은 사회가 받아준다. 그런데 네가 맞다라고 하는 것은 앞으로 사회가 안 받아준다. 지금 이런 시대가 온 것이다. 너 혼자 잘난 게 아니고, 이 세상에는 모든 것들이 같이 어우러져 가지고 오늘날의 내가 있는 것이다. 나 혼자 잘 났다고 혼자만 이름나려고 하면 안 된다. 같이! 우리 같이 일어나야 그것이 된다. 그것이 곧 융합시대라고 한다. 모든 것은 융합을 해서 새로운 탄생을 하는 것. 지금의 시대는 높은 질량을 바라는 시대이기 때문에, 융합을 해서 새로운 것을 내놔야 사회가 받아주게 되어 있다.

그러므로 팀을 이루지 못하면 굉장히 힘들게 된다.

천하 없는 박사라도 너 혼자 하는 것은 이 사회에서 큰 호응을 얻지 못한다. 융합시대를 우리가 바르게 알고 나 혼자서 빛나려고 하는 것은 안 된다. 우리가 같이 빛나야 한다.

내가 성공해야 되는 이유가 내가 이룬 꿈을 이웃과 사회에 나누는 것인데, 정법을 공부하면서 비로소 알게 된 것이 무조건 크게 이루는 것보다 바르게 이루는 것이 더 중요하다는 것을 알게 되었습니다. 바르게 이루지 않으면 사상누각에 불과함을 알게 된 것이죠. 상식으론 상식의 벽을 넘을 수 없다는 것을 알았기 때문에 황금노트북 출판 사업을 서두르지 않고 어떻게 해야 질 좋은 융합의 결과물을 내놓을 수 있는지 궁리에 궁리를 거듭하고 있습니다. 내가 하고자 하는 황금노트북 출판 사업의 목적이 이웃과 사회를 이롭게 하기 위한 것이므로 이에 걸맞은 제품이 되게 하는 것이 최우선의 조건이기 때문입니다.

그렇기 때문에 황금노트북에 정법이 녹아들어야만 질량도 좋아져서 목적대로 쓰일 수 있다는 생각이 들고부터는 굳이 서두르지 않고 있습니다. 정법을 기초로 만들어지고 또 한 편으로는 정법을 탑재해서 사람들을 위한 제품이 되게끔 한다면, 이 시대 최고의 명품으로 창조될 수 있을 것이라고 믿어 의심치 않습니다. 상식에다 정법의 진리를 융합한다면 반드시 우리 사회에서 받아주고 통할 것이기 때문입니다.

나를 넘어 우리 같이 함께 이루고자 노력하면 무엇인들 이루지 못할까라는 생각에 가슴이 벅차기도 합니다. 또한 바르게 사는 것이 자신의 삶에 얼마나 이로운지 알리기 위한 책도 정성을 다해 준비하고 있습니다. 세상만사 모든 모순들은 정법을 통해 바로잡히게 될 것이라고 생각합니다. 그동안 준비하고 갖춘 자료들을 가지고 세상에 나누기 위해 이제 밖으로 나가고자 합니다.

나의 미래는 이미 말했듯이 나와 뜻을 같이 하는 모든 인연들과 함께 홍익4행도인 "이웃과 사회와 나라와 인류를 이롭게 하는 삶"을 펼칠 것입니다.

이는 우리가 세운 이념인 '조화풍요 세인이행'을 갖춘 것이기에 오로지 세상과 사람들을 이롭고 행복하게 하는 삶을 사는데 아무 문제가 없다고 생각합니다. 내가 진심으로 소원하는 삶이며 반드시 그렇게 되리라는 것을 믿어 의심치 않습니다. 여기에 대한 방법도 많이 있고 실천 계획도 다 준비되어 있습니다.

그 첫째가 먼저 공부한 내용을 책으로 준비해서 세상으로부터 나를 소환하게 하여 나를 쓰일 수 있도록 나누면서 정법이라는 진리의 법을 이웃과 사회에 전하는 것이고, 그 다음이 기록문화 콘텐츠인 '황금노트북' 출판 사업을 통해 이웃과 사회가 풍요롭게 사는 법을 공유하고 나누며 함께 세상을 위해 백지장을 맞드는 일이며, 더 성장하고 발전해서 우리국민 모두가 혜택을 볼 수 있는 '국민기업'을 창조해서 소비가 곧 투자가 되는, 그야말로 일상이 풍요로운 미래를 담보할 수 있는 생활 그림을 완성하는 것이며, 모든 사업의 중심이 되는 '인류정법교육문화연구소'를 운영하여 진리의 교육인 정법을 온 인류가 보편적으로 교육을 받을 수 있는 토대를 마련하는 것입니다.

이것이 내가 준비한 미래 계획입니다. 이 계획은 내 생의 가장 중요한 목적의 일이므로 내게 시간이 있을 때마다 얘기될 것이고 반복될 것이며 강조할 생각입니다. 인류의 모든 길은 홍익이념으로 통하고, 나의 길은 나의 미래비전으로 향할 것입니다. 아무리 강조해도 지나침이 없다는 생각입니다. 이 외에는 다른 생각이 전혀 없습니다.

이것이야말로 자타일시 성불도를 이루는 길이고 원시반본 할 수 있는 초석이 될 것이라 믿기 때문입니다.

인류에 피는 평화의 꽃! 이와 같이 우리들의 미래는 홍익화를 피우기 위해 우리가 같이 홍익이념으로 함께 하는 그런 미래여야 합니다.

이때 비로소 우리들의 삶은 즐겁고 기쁘고 행복한 삶을 펼칠 수 있을 것이며, 이를 위해 홍익인간 1대인 우리가 먼저 시작할 것입니다.

천우신조로 우리 천공 스승님을 인연으로 이미 2013년부터 새롭게 펼쳐지는 새로운 패러다임의 인류 역사는 이미 시작이 되었습니다.

스승님의 말씀처럼 나와 우리가 융합해서 스스로의 갖춤을 바탕으로 홍익이념을 펼치는 삶 속에서 조상의 얼을 빛내고 인류공영에 이바지함으로써 홍익인간의 사명을 완수하는 것이 내가 이 땅에 태어난 이유이기 때문입니다.

진리는 펼치는 것이며 길은 가는 것입니다.

이러한 나의 뜻을 우리의 뜻으로 승화시키고 받아들여 함께 할 인연들을 기다리며 무소의 뿔처럼 나는 지금 나의 길을 가고 있는 것입니다.

나를 갖추어 즐겁고 기쁘고 행복한 그 삶의 길을…….

가화만사성을 꿈꾸다_부부 편

아내와 나는 가구처럼 자기 자리에
놓여 있다, 장롱이 그러하듯이
오래 묵은 습관들을 담은 채
각자 어두워질 때까지 앉아 일을 하곤 한다
어쩌다 내가 아내의 문을 열고 들어가면
아내의 몸에서는 삐걱이는 소리가 난다
나는 아내의 몸속에서 무언가를 찾다가
무엇을 찾으러 왔는지 잃어버리고
돌아 나온다, 그러면 아내는 다시
아래위가 꼭 맞는 서랍이 되어 닫힌다
아내가 내 몸의 여닫이문을
먼저 열어보는 일은 없다
나는 늘 머쓱해진 채 아내를 건너다 보다
돌아앉는 일에 익숙해져 있다
본래 가구들끼리는 말을 많이 하지 않는다

그저 아내는 아내의 방에 놓여 있고
나는 내 자리에서 내 그림자와 함께
육중하게 어두워지고 있을 뿐이다

위 시는 도종환의 〈가구〉 전문입니다.

지금까지 살아온 우리 부부의 상황과 상당히 오버랩 되고도 남을 만큼 여타 부부 관계를 절묘하게 묘사한 글이라고 생각합니다. 1988년 서울올림픽이 열린 이듬해 늦가을로 접어드는 11월 5일 많은 하객들과 가을비의 축복을 받으며, 검은 머리가 파뿌리 될 때까지 함께 하며, 죽음이 서로를 갈라놓을 때까지 서로를 아끼며 사랑하겠노라고 굳은 서약을 하고 "두 가슴과 그곳까지 내논 아사달 아사녀가 중립의 초례청 앞에 서서 부끄럼 빛내며 맞절할지니"하는 마음으로 우리의 행복한 삶을 기약하는 즐거운 마음으로 매우 기쁘게 행진을 하였습니다. 그리고는 우리가 꾸리는 가정은 반드시 가화만사성하리라고, 그러나 우리의 삶은 생각처럼 그리 호락호락하지 않았습니다. 그 때마다 다음을 기약하며 희망을 버리지 않았으나 속는 삶이 반복되자 어느새 우리의 행복한 사진에는 어두운 그림자가 감싸기 시작했던 것입니다.

이처럼 우리 부부의 지난날을 되새겨보니 차마 입에 담기도 힘들고 어려운 일들이 주마등처럼 흐르고 구름처럼 일어납니다. 생각건대 우리는 어쩌다 장승처럼 말없이 먼 산을 바라보며 살고 있는지 심히 유감이라는 생각이 듭니다. 말끝마다 가시가 돋친 채 돌아앉아서는 따뜻한 눈길 한 번 주지 않고 아까운 시간과 그 많은 세월을 흘려보내고 있는지 도무지 이해가 되지 않았으나 "바르게 사는 법-정법"을 만나 공부하다 보니 '아, 내가 모자라도 한

참 모자라는 죽일 놈이구나!'라는 것을 알게 되었습니다. 제대로 나의 잘못을 알고 나니 아프다 못해 슬프고 또 슬픕니다. 이렇게 살려고 그 옛날 우리가 서로 만나 좋아한 것도 사랑을 한 것도 아닐진대 어쩌다 이리도 험한 얼굴로 굳은 습관처럼 서로를 냉대하며, '꽃 같은 청춘을 지우려 하는가!' 하는 자괴감과 안타까운 마음이 그지없습니다. 해서 지금 나는 나의 지난날에 대한 통렬한 반성을 통해 새롭고도 행복한 바른 부부의 관계를 회복하고 정립하려 노력하고 노력할 것입니다. 그래서 바른 부부 관계는 어떻게 해야 되는 것인지에 대해 공부하다 보니, 다음과 같은 정법강의를 접하게 되었습니다.

부부는 그러면 어떠해야 되느냐? 부부는 상대 것을 존중해주어야 부부가 된다. 상대가 하는 말도 존중하고 상대가 하는 행위도 존중해 줄 때, 이럴 때 부부가 되는 것이다. 그러면 당신도 내가 하는 것을 존중해주어야 하고 나도 당신이 하는 것을 존중해주어야 된다. 그래야지만 부부관계가 이루어지는 것이다. 서로가 할 짓을 못하면, 그것은 부부가 할 짓을 못하는 것이기 때문에 언제든지 파기해도 되는 것이다. 그래서 당신 것을 존중해주고 잘 들어주면 정확하게 내가 모자라는 것을 당신이 풀어줄 수 있고, 당신이 모자라는 것을 내가 풀어줄 수 있게 되어있는 것이 부부다. 그런데 내가 당신이 말하는 것을 내가 풀어주지 못한다고 하는 것은, 당신이 말을 잘못한 것이 아니고 내가 당신의 말을 잘 안 들은 것이 된다. 그러므로 당신의 말을 잘 안 들었다는 것은 당신을 존중하지 않았다는 얘기와 같다.

사람을 존중하면서 대하면 당신의 말을 내가 잘 들을 수가 있다. 그러므로 당신의 말을 잘 들으면 답이 나온다. 미래의 큰 답은 안 나올지라도 지금 당신한테 필요한 답은 여기서 나오게 되어 있다. 그래서 대화를 하는 것이다. 대화를 하게 되면 거기에서 답이 나오게 되어 있다. 그러므로 당신을 존중하기만

하면 된다. 존중하면서 당신 말을 들으면 정확하게 지금 당신이 필요한 말이 여기서 나오게 되어 있다. 그래서 대화를 할 수 있는 관계가 이루어지는 것이다. 그런데 답을 못 낸다고 하는 것은, 당신을 존중하면서 내가 말을 듣고 있지 않기 때문에, 들었는데도 엉뚱한 얘기를 하게 되는 것이다. 그러면 답은 풀리지 않게 된다. 그래서 부부 관계가 소원해지고 끝내는 헤어지게 되는 일들이 벌어지고 있는 것이다. (유튜브 정법강의 154강 중)

그렇습니다. 우리 부부간에 서로에 대한 존중이 없었으므로 대화는 오갈 수가 없게 되고, 진솔한 대화가 없다 보니 화목한 집안이 될 수 없었던 것입니다. 이는 결국 우리가 처음에 염원한 가화만사성을 이루지 못하게 된 것임을 알게 되었습니다. 알속이 없는 껍데기에 불과한 부부, 마치 쇼윈도 부부처럼 사는 데에는 다 이유가 있기 마련임을, 어제를 보면 오늘을 알 수 있듯이 나는 가정의 화목을 위해 심은 씨앗이 전혀 없으므로 거둘 열매가 없음을 늦게나마 깨닫게 되었으니 그나마 다행이다 싶습니다. 다소 늦었지만 이제부터라도 노력을 해야 한다는 생각이 굴뚝같습니다.

'인생의 묘미는 반전에 있다.'는 것이 평소 나의 지론입니다. 이것저것 없는 내가 성장과 발전을 이룰 수 있는 마인드 컨트롤 삼아 굳게 지니고 있는 문구이기도 합니다. 이제는 껍데기는 과감히 버리고 진정 우리 가정을 위해 할 수 있는 일과 해야만 하는 일들을 바르게 선택을 하고, 가화만사성의 가정을 만들기 위해 진일보할 수 있게, 나 자신을 잘 살펴서 한 땀 한 땀 노력을 다할 생각입니다. 비 온 뒤에 땅이 굳는다고 합니다. 나의 지난날의 생활을 거울삼아 무엇이 부족했고 무엇이 엇나간 것인가에 대해 통렬한 반성을 하고, 항상 공부하는 자세로 삶에 임하고자 다짐을 합니다. 그 하나로 먼저 경제의 기본을 이루겠습니다. 삶조차도 가누기 힘든 여건에서는 모든 것들이 다 공염불에 지나지 않기 때문입니다. 삶에서 경제가 차지하는 비중은 거의 99프로라는 것이 나의 생각이고 경제가 없다는 것은 곧 허공에 선 것이나 다름없기에 이를 시급히 일으켜 세워야 그 다음을 진행할 수 있음을 깨닫게 되었습니다. 그리고 내 사적인 영역을 제외하고서는 모두 아내와 대화를 통해 소통을 이룬 다음에야 무엇이건 진행을 할 것입니다. 한 가지 일에 두 답이 있을 수 없습니다. 서로 간에 소통이 없는 고집과 주장은 사의 길이며 망의 길임을 그간 경험을 통해 알게 되었으니, 가정의 화목을 되찾기 위해서는 반드시 소통이 있은 후 함께 참여하는 방식으로 일을 진행해 나아가고자 합니다. 소통과 존중을 통해 진정한 부부일심동체가 되었다면, 이는 죽어서도 하나님조차도 갈라놓을 수가 없다고 합니다. 그러므로 향후 우리 아내를 소중한 인격체로서 대하며, 대화를 통해 소통하고 존중하는 방법을 찾아 공부하고 노력하여 그동안 이루지 못한 가화만사성의 가정을 반드시 이루겠다는 생각입니다. 즐겁고 기쁨이 넘치는 가정! 행복한 가정을 이룸으로써 우리 사회가 밝고 건강한 사회가 되는데 일조하고픈 마음이 간절합니다.

나는 누구인가

나를 찾는 사람이 어떤 사람이 찾느냐 하면? 기본 지식을 갖춘 자, 이들이 이제 나를 찾는다. 그리고 기본적인 경제를 갖춘 자, 또 나를 찾는다. 뭐든지 내가 기본을 갖추고 나야 그 다음 철학자가 되는 것이다. 답을 내가 먼저 이야기를 해주면 우리는 내가 아니고 우리는 을 찾아야 한다. 우리는, 지금 이 시대는, 우리는 누구인가를 찾아야 된다. 그러면 서로가 자기를 다 찾아지는 것이다. 우리는 누구인가? 홍익인간들이다. 답만 먼저 이야기 해주면, 우리는 홍익인간 들이다. 홍익인간들은 어떤 사람들을 이야기 하냐? 진화 발전이 끝난 사람들을 이야기하는 것이다. 진화 발전이 끝나는 시대를 사는 사람들… 사람이라는 것은 인간완성! 진화 발전을 끝내면 인간완성을 한다. 그러면 선천시대와 후천시대는 다른데, 선천시대 마지막이 진화 끝이다. 진화를 다한 시대가 되면, 여기에서 사는 사람들이, 홍익인간들이 세상에 와서 마무리하면서 진화가 끝나는 것이다. 그래서 지금 태어나는 모든, 전후 1세대부터 태어난 것이 홍익인간들 씨로 태어난 것이다. 베이비부머는 용띠(1952년 생)부터 해서 12년(1963년/토끼띠)이 베이비부머들이다. 이 사람들이 홍익인간 1세대들이다. 그 다음이 엑스세대들인데 이 또한 홍익인간이다. 그 다음은 디지털인데 이 또한 홍익인간들이다. 앞으로 인류 미래는 홍익인간이 사는 시대다. 그래서 모두 인간으로서 진화 발전이 끝나는 시대에 태어난 우리는 마지막 일생을 살기 시작을 한다. 윤회 더 안 한다. 인간으로 두 번 더 올 수 없는 부류들이 있는 것이다. 어떤 사람들은 한 번 더 오고, 어떤 사람은 두 번 더 온다. 세 번까지가 한 팀으로 가는 것이니, 그래서 한 번 더 오더라도 홍익인간이고, 두 번 더 와도 홍익인간이다. 그런데 30 프로는 이제 두 번 다시 육신을 받아 이 땅에 못 온다. 마지막 일생을 사는 사람들, 이것을 홍익인간들이라고 한다. 답부터 이야길 하면, 홍익인간들은 어떻게 살아야 되느냐? 너 삶을 불태워서, 너 일생 마지막을 사니까, 모두 불살라서 사람을 널리 이롭게 해야 한다. 너 삶이, 사람이 이롭게 되는 삶을 살아야 된다. 이타행과 이광공익! 너 인생을 불태우되, 사람을 널리 이롭게 하는 방법으로 살아야 한다. 그리고 일생을 마치면, 너는 이 땅에 두 번 다시 오지 않는, 내 육신과 내 영혼이 분리가 되면, 이 영혼이 귀신이 되지 않고 신이 되어서 간다. 해탈! 모든 업을 다 벗고 천상으로 올라간다. 이것이 홍익인간들이다! (유튜브 정법강의 9468강 중)

그럼에도 불구하고 우리 주변의 동년배들의 하는 소릴 듣노라면 사실 어이가 없습니다. "인생, 뭐 있어 그냥 잘 먹고 살 살다 가면 그만이지."라는 말을 아무 서슴지 않게 내뱉습니다. 하기야 나조차도 이 정법을 만나 공부하기 전까진 인생 진로의 답을 구하지 못했었습니다. 가난의 불편함을 알고 나서야 부랴부랴 성공을 하겠다고 동분서주하며 이것저것 필요한 것을 찾다 보니 손에 잡히고 귀에 들린 것을 받아들이면서 지금에 이르게 된 것입니다. 나는 홍익인간이며, 사명은 사람을 널리 이롭게 하는 것이다. 라는 스승님의 말씀을 이해하고, 그렇게 생각만 하여도 사는 마음의 자세가 달라지게 되었습니다. 우리 이웃과 사회를 살피고 이롭게 하는 홍익인간의 삶은 선택이 아니라 필수로 받아들일 때 사는 의미는 명확해지고 사람값을 할 수 있다는 생각입니다.

나 장근상은 누구인가

먼저 값을 하는 이름을 보면, 이름은 사업으로 치면 상호나 마찬가지 입니다. 상호는 그냥 부르기 좋은 상호만이 아닌, 철학이나 이루고자 하는 신념과 이념을 담아야 그만큼의 성장과 발전을 이룰 수 있게 된다고 합니다. 이 때문에 이름을 신중하게 좋은 뜻을 담아 잘 지어야 하는 것이 바른 것이겠지요. 그렇기 때문에 나의 이름에 담긴 뜻을 알고 그렇게 되고, 하고자 노력하는 것이 맞는 것이며 바르다고 생각을 합니다.

張	根	相
베풀다/나눔	뿌리/근본	상대방/대중

이름은 기운의 크기이기 때문에 그에 걸맞은 인생을 살아야만 무탈하게 삶을 살 수가 있게 되고, 그렇지 못하게 되면 어려움을 겪게 되어 고통을 당하게 된다고 합니다. 그러한 연유로 비추어 보면 나 장 근상은 삶 자체가 작게는 상대를, 크게는 대중을 위해 나누는 삶을 사는 것이 내 인생의 근본이라는 것을 이름에서 알 수가 있습니다. 그렇다면 이름에 걸맞은 삶을 살 수

있는 답은 내게 있는가? 있습니다. 삶이 빛나면 자연 이름도 빛나게 됩니다. 공부한 이치에 따르면, 누구나 자신을 갖추어 세상과 사람을 위해 빛나는 삶을 살게 되면 별이 되어 빛날 수 있게 된다고 합니다. 그러므로 나는 홍익인간의 이념 '사람을 널리 이롭게 하라'를 완성하여 인류공영에 이바지함으로써 비로소 부모 조상의 얼을 빛나게 할 수 있다는 말에 절대 동의합니다. 고로 나는 홍익인간(弘益人間)이기에 홍익인간인 나는 내 스스로 하고자 하는 삶의 목표와 목적을 담은 이념을 세우게 되었습니다.

그것이 바로 조화풍요세인이행(調和豊饒世人利幸)입니다.

이는 '다섯 가지 풍요를 조화롭게 갖추어서 세상과 사람들을 이롭고 행복하게 한다'는 뜻입니다. 이러한 나의 아니, 나와 뜻을 함께 하는 우리의 이념은 대학에 나오는 '수신제가치국평천하(修身齊家治國平天下)'와 상통함을 알 수 있습니다.

기본적으로 나를 온전히 갖춘 연후에야 가정과 나라와 인류를 위해 발전적으로 일을 할 수 있음을 말한 것입니다. 미래지향적인 사람이 되고 또 그렇게 삶을 살고자 한다면 반드시 먼저 자신을 갖추는 것이 으뜸이 되어야 합니다. 그러함을 알기에 나는 그렇게 살고자 이념을 세웠고 지금도 노력을 하고 있는 것입니다.

이렇듯 나의 삶의 목적은 인류애를 지향하며, 그 방법으로 육체와 정신건강의 풍요, 지식/진리의 풍요, 물질의 풍요, 사람관계의 풍요를 갖추어 나와 뜻이 같아 인연된 사람들과 함께 이웃과 사회와 나라와 인류를 위해 이롭고 행복한 삶을 펼치는 것이 가장, 진정한 아름다운 삶이라고 생각합니다.

이러한 정신을 놓지 않기 위해 오늘도 노력하고 내일도 노력을 다할 것입니다. 이것은 인연들과의 약속이고 하늘과의 약속이기도 합니다. 나를 끊임없이 성장시키고 발전시켜서 홍익인간의 사명을 완수하는 삶! 이것이 내가 공부하면서 세운 대원입니다. 더불어 나는 내 스스로의 삶에서 삶의 근본인 천. 지. 인 인연이 있음을 알고 항상 감사한 마음으로 살고 있습니다.

너 자신을 알라

결혼 3년 차에 접어드는 1991년 1월 2일 새해 벽두에 혹한의 바람을 맞아가며 백일이 갓 지난 첫째를 안고 급하게 이사를 하게 되었습니다. 서울에서 직장 생활을 하던 고향 형님의 소개로 산 좋고 물 맑은 옥천군 청산면의 농공단지에 소재한 회사로 이직을 하게 되었기 때문입니다. 종전의 직장보다 사원에 대한 복지와 처우가 좋았기에 쉽지 않은 이사와 이직을 과감하게 단행하였으나 산간벽촌의 땅은 참으로 춥고 모든 것이 낯선 환경으로 다가왔습니다. 그렇지만 새로 이직하는 회사는 성장기에 있었고 나한테도 성장과 비전이 있다고 생각이 되어 회사와 함께 발전할 수 있을 거라는 희망을 품고 새로운 마음으로 회사 생활을 시작하였습니다.

그 차갑던 삭풍도 잦아들고 이제 막 봄 꽃이 필 무렵에 사달이 나고 말았는데, 업무 성격상 허구한 날 초과 업무에다 휴일도 없이 이어지는 업무에 급기야 나는 그간 팽배했던 불만이 터졌고, 끝내는 위에서 지시한 업무를 거부하는 항명까지 하고 만 것입니다. 나의 입장에서는 정당한 행위였고, 이 기회에 부당한 것을 바로잡겠다고 내심 자부를 하였으나, 일은 내가 의도한 대로만 흘러가지 않았습니다. 이로 인해 항명한 다음 날부터 나의 업무 책상은 치워지고 하던 업무에서도 배제가 되었습니다. 뜻하지 않게 참으로 어처구니없는 결과가 나타난 것입니다. 내 딴에는 '설마, 아는 사람의 소개와 회장님의 특별한 면담을 거쳐 입사를 한 난데 감히 어쩌기야 하겠어.'라는 계산까지 하였으나, 내가 믿었던 소위 백이라는 것은 나를 더 이상 보호치 않고 허무하기 짝이 없게도 나를 내버리고 만 것입니다. 결국 업무에서 막상 배제되어 집에만 있자니 불안감이 엄습해왔고 '이러다가 정말 짐 싸들고 다시 청주로 가야 되는 거 아닌가!'하는 생각에 미치자 만감이 교차했고 끝내 처자식을 생각하지 않을 수 없는 내 처지를 깨닫고는, 일생일대 첨으로 한 번 고개를 숙이는 것으로 결자해지하기로 결론을 내렸습니다. 그래서 3일째 되는 날에 출근을 해서 회장님과의 면담을 통해 재발 방지를 약속하고 나서야 업무에 복귀할 수 있었습니다. 피 끓는 청춘의 3일 천하는 그렇게 맥없이 끝나고 말았습니다. 지금에서 보면 그 당시 나의 환경은 무조건 백기를 들고 투항할 수밖에 없는 처지였음을 알 수 있습니다. 자질이나 환경을 갖춘 것이 전무했고, 한마디로 무식하면 용감해진다는 말이 나를 두고 하는 말이었음을. 나는 나에 대해서 아는 것이 너무 없었다는 것과, 돈키호테처럼 행동하는 몰지각한 인간에 불과했음을 비로소 깨닫게 된 것이 "정법-바르게 사는 법"을 공부하면서입니다.

나 자신을 안다는 것은, 현재를 깨쳐야 하는 것이다. 현재 내 자신이 어디에 있는가? 예를 들어 어떤 식당에서 종업원으로 있다면, 그 곳에서 식당 주인한테 배울 것도 배우고 손님들한테도 내가 기운을 얻고, 이러면서 너 자신을 키우라고 그곳에 있는 것이다. 너의 질량을 키우지 못하면 너한테 어떤 환경을 줄 수가 없다. 직장 생활을 하는 것은 너를 공부를 시키고 있는 것이다. 그곳에서 돈을 벌어먹고 살라고 거기에 보낸 것이 아니고, 거기에서 너를 배우고 갖추고, 너의 기운을 키우라고 그 직장을 다니고 있는 것이다. 어떤 직장을 갔느냐에 따라서 자신에게 주어지는 환경이 다르다. (유튜브 정법강의 4563강 중)

지난날 나의 직장 생활 중 겪었던 일련의 일들을 돌이켜보면 나는 나에 대해 너무나 몰랐던 것 같습니다. 철학적인 측면의 나는 놓고서라도 환경적인 면에서의 나를 제대로 볼 줄 알았어야 했는데, 그렇게 하지 못했기에 성장과 발전을 위해 앞으로 나아가지를 못하고 되돌이표 인생을 살아야 했던 것입니다. 사실 이직을 하게 된 가장 큰 이유가 궁여지책에 따른 경제 부분이 많이 작용했습니다. 그러다 보니 하는 일의 양과 월급의 관계, 과중한 업무와 정당한 휴식의 관계 그리고 사전에 양해조차 없는 상사의 일방적 업무 지시가 부당하게 느껴지며 이해가 되지 않는 가운데 갖춤이 없던 나는 급격히 불평불만에 빠지고 만 것입니다. 꿈을 위한 비전이 있는 직장을 생각해야 되나 먹고살기 위해 직장을 선택하였고, 나 스스로에 대한 자질은 간과하고 허울 좋은 자리나 욕심을 내서 움직인 결과는 나의 생활환경을 더욱 저하시키는 원인이 되었던 것입니다. 이렇듯 나를 갖추지 않고 계산이 들어간 욕심을 내서 행동하면 그 결과는 모순으로 나타나 나 스스로를 더욱더 어려운 곤경에 처하게 만든다는 것을 정법을 공부하면서 알게 되었습니다. 이는 나뿐만 아니라 어느 누가 됐든 이를 깨닫지 못한다면 그야말로 "삶이 그대를 속일지라도."에서 한 발자국도 벗어날 수가 없게 된다고 지난날 일련의 사건을 경험한 사람으로서 명확하게 말할 수 있습니다. 무식하면 갖출 수가 없고 갖춤이 없으면 성장과 발전을 이룰 수 없다는 것이 스승님의 말씀이며 대자연의 법칙이라고 합니다.

나에게 주어지는 모든 환경은 새로운 성장과 발전을 도모할 수 있는 자연이 주는 기회임을 정법공부를 통해 알게 되었습니다. 아무 짝에도 쓸모가 없는 불평불만이 생기지 않게 하려면 감사한 마음으로 살아야 한다고 합니다. 그러므로 나와 관계되는 모든 것들에 감사함을 담으면 불평불만 거리는 나에게 얼씬도 하지 못하리란 것을 알았으므로 일이면 일, 사람이면 사람, 그 어떤 환경이 오든지 간에 한결같은 감사한 마음으로 임하면 절대 불평불만의 구렁텅이에 빠지지 않을 것이라고 믿어 의심치 않게 되었습니다. '콩 심은 데 콩 난다.'고 합니다. 이를 진리라고 합니다. 오늘 감사한 마음을 심으면 내일 감사한 마음이 풍요롭게 열리는 것은 당연지사로 바른 진리의 법칙이 작용할 거라는 생각입니다. 이렇듯 스스로 노력해서 진리의 지식으로 나를 갖춘다면 능히 내가 원하는 삶을 살 수 있을 것입니다. 상식의 지식은 더 이상 나의 더 나은 발전을 담보할 수가 없음을 깨달았기에 오직 진리로써 바른 삶을 펼쳐나가겠다고 다짐하는 요즘 시간입니다. 그러므로 나 자신을 바르게 갖추고, 나 자신을 바르게 알 수 있는 유일한 길은 바로 상식을 깨는 진리의 법칙을 공부하는 길밖에 없음을 깨달았기에 천명하는 바입니다.

그래서 '바르게 사는 법 - 정법'을 나의 빛나는 삶을 창조하는 모토로 삼고자 합니다.

나의 리포트_기복과 바른 기도

소위 강원도댁인 우리 어머니는 삼단 같은 머리에 한복이 잘 어울리는 미인이셨고, 김치나 장맛이 좋아 동네 아주머니들한테 인기가 많으셨기에 낮일을 마친 동네 아주머니들은 피곤도 잊은 채 저녁이 되면 별처럼 우리 집 마당 멍석 위로 하나 둘 모여들어 은하수를 이루었습니다. 어른들의 뜻 모를 이야기들로 웃음소리가 여름밤엔 모깃불 따라 흩어지고 가을날에는 별빛을 따라 하늘로 올랐습니다. 어린 우리는 주위를 도는 행성이 되곤 했지요. 내가 자란 고향은 아름다운 추억의 산실이 되어 마르지 않는 바다가 되어 있습니다.

전형적인 시골 마을에서 가난한 농부의 아내로서 거친 일도 도맡아 하면서도 가끔은 시간을 내서 어딘지 모를 절에 다녀오곤 하셨습니다. 어머니가 절에 다니신다고 해서 집에서 기도나 불경을 외우는 모습은 본 적이 없고, 다만 때때로 부엌이나 장독대에다 떡이나 정화수를 또는 햅쌀밥을 떠놓는 게 전부였던 것 같습니다. 물론 그에 대한 어떤 의미나 설명도 없으셨습니다. 다만 어머니로서의 정성을 다하는 모습에서 어떠한 예를 볼 수 있었을 뿐이었지요.

베이비부머 세대인 우리의 학창 시절은 그야말로 일 반 공부 반인 시대였습니다. 그래서인지 교회나 절과의 인연은 특별히 없었으므로 어떤 대상으로 하는 기도에 대해서는 알 수가 없었습니다. 그 당시 사회상으로 봐선 그냥 특이한 사람들이나 그런 곳에 다니겠거니 하는 막연한 생각을 한 게 다였습니다. 나와는 하등 관계가 없다는 생각이 지배적이었습니다. 그야말로 이것은 절이요, 저것은 교회일 뿐이었습니다. 단지 어머니의 영향 때문이었는지 구경삼아 절에 들리는 것은 싫지 않았고, 혹여 가더라도 여기저기 구경만 할뿐 남들처럼 무릎을 꿇고 절을 하거나 합장을 하는 일은 거의 없었습니다. 그랬던 내가 스스로 절을 찾아가는 대사건? 이 일어났습니다. 사는 것이 좀 힘들어도 버티어 가면서 어디에다 대고 의지하고픈 마음은 없이 살아왔기에 나만의 특별한 에피소드가 되었습니다. 당시 사는 날들이 맨날 그날이 그날인지라 이내 지치다보니 나의 어려움과 힘든 처지를 풀어보고자 해서 내 스스로 절에 찾아가 절박한 심정으로 부처님께 하소연을 하게 된 것입니다.

그러다보니 나한테 어렵다고 하소연하는 친구도 데리고 가서 나와 같이 합장하고 기도하게끔 이끌기까지 하였습니다. 없는 복으로 인해 살기 힘드니 좀 잘살게 해달라는 취지의 기복의 기도를 했던 것입니다. 이때를 계기로 좀 힘이 들라치면 절에 가서 복채도 넣어가며 복 많이 달라고 합장도 하고 절도 올리고 하는 일이 자연스럽게 생겨나게 되었습니다. '절이나 교회에 가면 잘 된다더라.' 라는 말을 수없이 들었을 때에도 내내 가만히 있다가 끝내 살기 힘드니까 스스로 찾아가 복을 비는 어처구니없는 무식한 행동을 하기에 이른 것입니다. 이 얼마나 무지의 욕심이며 나약하고 자존심 상하는 일이었던가 싶어 내게 생채기로 남아 있게 되었습니다. '그럼 그렇지 너도 다 똑같아' 라는 생각을 지금까지도 지울 수가 없습니다. 왜 그랬을까?

우리가 욕심을 왜 내느냐 하면? 내가 허하니까, 채우려고 욕심을 내는 것이다. 뭔가 모자라는 것이다. 지금까지 왜 기복을 했느냐 하면? 모자라서다. 내가 모자라는데 뭔가 채울 수 있는 방법이 없으니까, 뭔가 채우기 위해서 기복을 한 것이다. 도와 달라, 뭔가 얻으려고 자꾸 그런 것이다. 기복이라고 하니까, 우리가 하느님한테 빌기만 한다고, 또는 나무한테 빌기만 한다고, 이것만이 기복이 아니다. 이 사회의 모든 일에서 내가 모자라는 것을 채우기 위해서 기복을 하는 것이다.

즉, 잘되기를 바라는 것이 기복이다. 잘되기를 바라는 것은 내가 모자라니까 그러는 것이다. 모자라는 것을 내가 노력을 하면서 뭔가 준비를 해가는 것이 아니고 기복을 해버리는 것이다. 모자라는 것은 내가 더 갖춤을 해야 되는 것이다. 지식을 더 갖추어야 된다. 지식은 안 갖추고 자꾸 기복만 하는 것이다. 그러다보니 갈수록 질량이 모자라는 것이다. 시간이 가면 갈수록 나는 질량이 더 좋은 방법으로 살아야 되는 것을 못하니까, 그러니까 자꾸 모자라니까 또 기복을 한다. 기복을 하는 것은 지식을 안 갖추고 공부를 하지 않으니까, 내가 처리를 하지 못하거나 이룰 수 없으니까 기복으로 자꾸 가는 것이다. 지금까지는 그런 식으로의, 선천 시대에는 누구든지 그렇게 살았다. 어떤 사람은 기복을 했고, 어떤 사람은 안 했다? 아니다. 100프로 기복으로 산 것이 선천 시대다. 그것은 할 수 없었다. 그런데 지금, 앞으로는 어떻게 되느냐, 이제는 기복으로 살면 안 되는 시대가 온 것이다. 왜? 70프로 질량이 찼기 때문이다. 이제는 내가 갖추어서 내가 해결해야 된다. 내가 사회를 바르게 알고 바르게 살면, 너는 기복을 안 해도 절대 못사는 법이 없다. 내가 내 질량으로 잘 살면 기복을 안 해도 된다. 그러나 내가 내 질량으로 못사니까, 공부는 안 하고 지식은 안 갖추니까 내가 내 할 일을 잘 하지 못하니까 또 기복을 하게 되는 것이다. 단지 돈만 주었을 뿐 공부를 할 수 있도록 이끌어주지 못해서 결국 어려워진 것이다. 이는 2~30년 데리고 있으면서도 필요한 공부를 시키지 못하다 보니 시간이 지난 만큼 무식해진 것이다. 이것이 오늘날의 낭패를 부르는 것이다. 직장에서 월급을 주는 것은, 이것은 너희들이 지금 시간을 이 안에서 보내고 같이 사는데 필요한 양식을 주는 것이고, 여기에다 우리한테 진짜로 해주어야 될 것은 지식을 갖출 수 있는 길을 이끌어주어야 했던 것이다. 일을 하면서도 지식을 갖추게 해주었어야 된다. 2~30년 그렇게 노력을 했다면 지금은 전부 다 질량 있는 아주 멋진 사람들로 다 변해서, 이 사람들이 생각하는 마인드는 엄청나게 질량 있는 일을 할 수 있게 되어서 오늘날 기업이 이렇게 어려워지지 않았을 것이다. 절대 안 어려워진다. 우리 대한민국이 스톱된 것이 바로 이것이다.

우리가 지식을 어떻게 갖추었나를 보자. 우리가 10대 때 공부를 한 것이 다이다. 그것은 책에 있는 역사만 배운 것이다. 역사의 정보만 얻은 것이다. 다른 것은 배운 게 없다. 이것을 배운 것은 30프로만 배운 것이 된다. 이는 과거의 것만 배운 것이다. 그러면 과거를 배웠으면 현재를 배워야 한다. 그런데 과거의 정보만 얻은 것이다. 정보를 흡수해 놓고 공부를 했다고 하는 것이다. 그러므로 우리는 바른 지식을 갖추지 못한 것이다. (유튜브 정법강의 3930강 중)

나의 지난날에 달갑지 않게 생채기로 남아있는 이른바 기복행위는 모름지기 전적으로 내 무지의 소치이며, 실력도 능력도 없는 데서 비롯된 욕심에 지나지 않은 것임을 정법 공부를 통해 비로소 깨닫게 되었습니다. 그러므로 좀 늦은 감이 있더라도 이제부터는 바른 생각을 바탕으로 바르게 행동하고 바른 열매가 열릴 수 있도록 각고의 노력을 다할 것입니다. 실력이 능사임을 알고 이를 키우고 발전시키기 위해 배우고 또 공부를 하는 데 게을리하지 않겠다고 새삼 다짐해 보기도 합니다. 나를 갖추지 않으면, 나를 수신하지 않으면 비굴하게 살 수밖에 없기에 한 땀 한 땀 노력하여 한 발 한 발 성장하고 발전하는 데 모든 역량을 다하여 일일신하는 마음으로 전진할 것입니다. 이로써 오늘이 즐겁고 내일이 기다려지는 희망 가득한 삶을 펼쳐내겠다는 것이 나의 미래계획입니다. "최고의 바른 기도는 바로 노력이다."라는 가르침을 절대로 잊지 않고 좌우명으로 삼을 것입니다. 노력하는 것이 바른 기도요, 스스로 노력하는 자를 하늘이 돕는다는 진리도 이해가 되었으므로, 왜 사는지와 어떻게 살아야 바른 삶인지를 알았기에, 이에 걸맞게 갖추어서 즐겁고 기쁘고 행복한 삶을 사는 것이 나의 비전이고 대원입니다.

너나 할 것 없이 우리는 과거의 기본과 현재를 융합해서 밝은 미래를 창조해야 한다는 생각입니다. 그러기 위해서는 새로운 패러다임인 대자연의 법칙인 "정법-바르게 사는 법"을 진리로 받아들이는 새 시대를 위한 대전환이 이루어져야 합니다. 지금까지의 상식의 지식만으로는 앞으로 나아갈 수가 없다는 것을 우리들은 이미 잘 알고 있습니다. 현 상태라면 시간이 갈수록 수렁이고 혼돈에 빠지기 십상입니다. 진리를 배우지 않고서는 인류의 희망은 없습니다. 현재 우리 사회의 갈등과 인류 사회의 혼란과 충돌을 보면 이를 인정하지 않을 수가 없습니다.

지금까지의 종교와 신앙의 논리를 넘어서는 진리의 지식이며 새로운 패러다임인 정법만이 인류의 새로운 희망이 될 것입니다. 이를 위해 노력하고 준비하는 사람들이 바로 홍익인간들입니다. 그런 홍익씨가 하나 둘 새순이 돋듯 출현하고 있습니다. 지금 세계 도처에 말입니다. 나부터 홍익인간의 인성을 갖추고 이웃과 사회와 나라와 인류를 이롭게 하기 위해 노력하는 이들을 응원하고, 뜻이 맞아 함께 할 일이 있으면 적극 참여하는 삶을 살고자 준비하고 노력하는 것이 내가 할 수 있는 최고의 바른 기도라고 생각합니다.

정법을 만나 나를 바로 세우다

2016년 1월 초에 정법을 만나 공부하고 나름대로 노력하면서 나 자신이 오만가지 상식들에 의해 갇혀져 있음을 알게 되었고, 정법에 의해 그 상식들이 깨지고 나니 짧은 생각이지만 나는 비로소 본래의 나를 찾아 자유를 얻을 수 있다는 생각에 엄청난 희열을 느꼈습니다.

'바르게 사는 법'인 정법은 나 자신을 먼저 갖추지 않으면 남도 도울 수 없을뿐더러 내가 하고자 하는 그 어떤 일도 성공하기가 어렵다는 것입니다. 혹여 운이 좋아 성공할지라도 그것은 일장춘몽에 불과할 뿐이며, 바르게 갖추지 않고 하는 일은 그 생명이 극히 짧으며 무용지물이 되어 역사에서 소멸한다는 것도 알게 되었습니다. 자신이 하는 일에는 분명 명분과 이념이 있어야 한다고 합니다. 나와 내 가족만을 위한 사적인 생각에서 벗어나 이웃과 사회를 위한다는 공적인 생각으로의 확장이 일어나야 명분도 서서 하는 일이 잘된다고 합니다. 이에 나의 일과 삶도 이웃과 사회를 향해 펼쳐져야 한다는 생각이 들고, 명분과 이념을 세워 펼치는 삶을 상상하면 즐겁고 기쁜 마음이 한량이 없습니다.

우리 삶에서 인간관계는 또 어떻습니까. 나 자신이 스스로 겸손하지 않으면 상대와의 관계는 오래도록 좋게 유지해 나갈 수 없다고 합니다. 그렇다고 나를 억지로 낮추는 것은 겸손도 아니고요 이는 비굴한 것이랍니다. 겸손은 상대를 존중하는 것이고 존중은 인정하는 것이지요. 상대를 있는 그대로 인정하고 존중하면 지극히 겸손해진다고 하므로, 내가 지극히 겸손할 때 상대와의 인연은 온전하고 유익하게 발전도 할 수 있다는 생각입니다.

저마다 '바르게 사는 법-정법'을 공부해야 할 이유는 나 자신을 바르게 갖추어 '사람을 널리 이롭게 하는 삶'을 살기 위함입니다. 유사 이래 지금까지 인류가 생산한 오만가지 모순들을 바로잡기 위해 나온 것이 바로 새로운 패러다임인 정법이며, 이를 알아듣기 쉽게 즉문즉설하신 것이 한 12,000강 정도가 인터넷 유튜브에 올라 있는 우리 천공 스승님의 '정법강의'라는 것입니다.

사람은 적어도 저마다의 소질을 계발해서 기본적인 삶의 요소들을 충족하게 되었다면, 이제는 이념을 가지고 사회를 위해 자신을 써야 한다고 스승님은 말씀하십니다. 이념은 인간 삶의 생명과도 같습니다. 이념이 없는 삶은 본성을 찾지 못해 동물적인 삶으로 막을 내리게 됩니다. 만약 우리가 그저 그렇게 살다가 한낮 동물처럼 죽어 나자빠지게 된다면, 이 땅에 태어난 아무런 의미도 없는 것이 되지요. 바르게 사는 법칙을 알고 보니 차마 제대로 된 사람이라면 그래서는 안 된다는 생각입니다. 소위 "인생 뭐 있어, 편히 살다가면 그만이지."라고 흔히 말들을 합니다. 인생에 대한 의나 답을 바르게 찾지 못한 사람들이 자신의 삶을 정당화 시키려는 현실적 변명에 불과하지요. 문제는 이에 동의하는 사람들이 주변에 꽤나 많다는 것입니다. 참으로 안타까운 현실입니다. 우리가 끝내 이렇게 밖에 못 살다 간다면 이는 우리를 낳아 길러주신 부모 조상님들에 대한 예는 물론 효도가 아닐 것입니다. 옛날에야 그저 자식만 낳아 대만 이으면 되었다지만, 베이비부머 세대인 우리가 자랄 때는 우리 부모님들이 한결같이 하신 말씀이 있습니다. "○○야 열심히 공부해서 훌륭한 사람이 되거라."라고요. 자신만 생각하고 사는 훌륭한 사람은 없습니다. 적게는 이웃과 사회를 의미했으며, 크게는 나라와 인류를 염두에 두고 하신 말씀이었지요. 나는 그것에 대한 한 장면을 잊지 않고 있습니다. 가끔 부엌 아궁이에 지핀 불을 쬐고 있으면 어머님은 내게 묻곤 하셨습니다. "우리 아들 근상아? 너는 커서 뭐가 될래?" 나는 당연하다는 듯이 "판사요!" "대통령이요!"라고 대답하면 어머님은 아주 만족해하시며 웃음 가득한 얼굴로 좋아라 하셨습니다. 내 딴엔 고생하시는 부모님들에 대한 효도라고 생각을 했던 것입니다. 이런 자식들을 위해 우리 부모님들은 희생을 마다하지 않으셨기에, 오늘 날 우리나라가 문물을 이만큼이나 빛나게 발전시켜 놓을 수가 있게 된 것이지요.

이제는 시대가 바뀌고 모든 것이 빠르게 변화가 되고 있습니다. 너무 빠르게 변한 나머지 나의 어릴 적 환경과 지금의 환경은 그야말로 천양지차의 세상이 되었습니다. 이것은 인류의 희생의 산물인 지식과 물질의 밑거름이 있었기에 가능한 성장과 발전이라고 생각을 합니다. 경쟁이 당연하고 적자생존이 판을 쳐도 다 인류의 발전을 위한 것이라고 치부하며 살다 보니, 이제는 그것들이 되레 우리를 치고 들어와 어렵고 힘들게 하는 상황으로 빠져버리고 말았습니다. 갈수록 태산이라는 말이 지금에 딱 맞는 말인 것 같습니다. 지식과 물질이 발달할수록 우리의 욕심과 욕망은 한없이 커져서는 상대를 오로지 경쟁의 적으로만 보는 세태가 되고 만 것이지요. 모두가 하나같이 저 잘난 세상이 되어버렸습니다. 참으로 개탄스럽고 참담한 마음을 금할 길이 없는 요즘입니다. 이렇듯 누구나 똑똑한 상식의 논리로만 가지고는 지금의 상황을 타계할 비책도 대책도 내놓지를 못하고 이러지도 저러지도 못하고 있는 이때, 천만다행스럽게도 우리에게 나타난 대자연의 법칙인 '바르게 사는 법-정법'으로 인해서 이 혼탁하고 병든 세상을 깨끗하게 씻어낼 것이라고 믿어 의심치 않게 되었습니다.

그동안 우리 인류는 행복의 파랑새를 찾아 산으로 가고 바다에 가고 토굴로도 들어가고, 심지어는 자기 자신을 학대까지 해가며 별의 별 짓을 서슴없이 해봤지만 찾을 수 없었기에 또한 절에도 가고 교회에도 가고 각 종 도파에 까지도 가봤지만 모두가 허사였음을 오늘 날에 되어서야 알게 되었습니다. 그토록 찾던 파랑새는 이미 내 안에 있었다는 사실을 알게 해준 정법강의로 인해 이제는 당당히 말할 수 있게 되었습니다. 나는 지금 자유를 향해 나아가고 있다는 것을 말입니다. 그리고 미래 시대를 바르게 열어갈 새로운 패러다임인 '바르게 사는 법-정법'이 세상에 출현을 했음에도 자기 것으로 삼지 않고 모르쇠로 일관하며 마냥 구속된 채 노예로 살 것인지, 아니면 더불어 행복한 자유인으로 살 것인지는 오로지 자신의 선택에 달려있음을 나는 그동안의 직간접적인 경험을 통해 자신 있게 말할 수 있습니다. 선택은 자유지만 훗날 그 결과는 천지의 차이가 날 것이라고 봅니다. 그렇기 때문에 나는 '나를 갖추어 나와 뜻을 같이 하는 모든 인연들과 함께, 이웃과 사회와 나라와 인류를 위해 이롭고 행복하게 하는 삶을 펼치며 항상 감사한 마음으로 살겠습니다.' 이것이 내가 세운 대원이고 이념입니다.

나는 '바르게 사는 법-정법'을 만나 공부하면서 바른 나의 길을 찾고 이념도 세웠기에 그 길을 가기 위해 한 땀 한 땀 준비하며 부단히 노력하고 있습니다. 스스로 바르게 살 의지와 갖춤만이 진정한 자유로운 삶을 살 수 있다고 생각하였기 때문입니다. 그러므로 자신을 먼저 갖추는데 주저함이 없고 이웃과 사회를 위하는데 아낌이 없는 삶을 지향하며 발전적이고도 미래지향적인 사람이 되고자 하는 사람만이 할 수 있는 '공도사상'을 이해하고 받아들임으로써, '사람을 널리 이롭게 하라'는 홍익이념을 함께 실천할 도반들의 인연을 학수고대하고 있습니다. 더불어 나는 지금 이 순간을 즐거움과 감사한 마음으로 나를 갖추는 노력을 멈추지 않으며, 누군가 도반의 인연으로 오시게 되면 나와 함께 진정한 '이친패밀리-이념이 같은 친구'가 되어 우리인류를 위한 홍익이념사업을 즐겁고 신나게 펼치는 삶과 바른 궁극의 자유를 함께 만끽할 그 날들을 그리고 있습니다. 지극히 감사할 따름이죠.

나에게 돈이란

나의 돈에 대한 생각은 아무런 근거가 없는 주관적인 신념과도 같은 아주 잘못된 생각이 나의 성장기에 자리 잡고 있었습니다. 평소에 가진 거라곤 쥐뿔도 없으면서 돈, 돈, 돈 하면 왠지 좀 수준이 떨어져 보인다고 생각하며 자랐기에 어찌 보면 작금의 가난은 당연하다 싶습니다.

나는 때마다 '야, 돈이 다냐!'라며 마치 나는 점잖은 양반 입 네하는 허울좋은 겉치레로 포장한 체 껍데기로 살았던 것이 성장기에 있어 나의 잘난 자화상이다. 이렇듯 나는 돈에 관한 한 철저히 무지몽매했습니다. '그까짓 거 돈! 한 방이면 돼!'라는 안이한 인식으로 일관했으며, 지은 복도 없는 놈이 소위 운빨만 믿는 헛된 망상에 빠져 지낸 세월이 되고 말았던 것입니다.

지독하게도 가난했지만 지독하게도 돈을 몰랐기에 그 가난의 터널은 너무나 길고 암울한 시간의 연속이었습니다. 말 그대로 선무당이 사람 잡은 것입니다. 어리석게도 부자나 경제는 책 속에만 있는 줄 알고 터부시 했던 것입니다. 그러니 '가난 3대 안 간다.'는 말도 나만을 비켜간 것이 되어버렸습니다. 돈을 터부시 했기에 그 돈은 나를 향해 외쳤던 것이죠. '훠이, 저리 비켜라. 돈 님 나가신다.' 아, 왜 예전엔 몰랐을까! 이 소중한 돈 님을요.

지금에 와서 뼈저리게 알게 된 것은 분명 가난은 누가 뭐래도 다 내 탓이며, 또한 죄라는 것이 나의 생각입니다. 자고로 가난이라는 놈을 곁에 두면 너무 불편하고, 소중한 시간을 갉아먹고 생명의 피를 빨아먹는 흡혈귀와도 같다는 생각이 들곤 합니다. 이제부터라도 돈의 근본을 제대로 알고 바르게 쓰는 방법을 먼저 알아야 함을 배우게 되었고, 그 점을 새로운 패러다임인 정법을 공부하면서 깨닫게 된 것입니다.

"돈은 이 땅의 수많은 백성들의 피와 땀이 내재된 희생의 소산물이다."

경제라고 하는 것은 하늘의 힘이고 땅의 힘이고 인간들의 희생의 힘이 뭉쳐가지고 경제를 이루어 놓은 것이다. 이것을 욕심을 낸다고 가질 수 있다는 생각을 하지 마라. 설사 가지고 있는 사람조차도 이 깊이를 모르고 바르게 운용할 줄 모르면 100프로 다 거두니까 그런 것을 시샘 내지 말라. 앞으로 사회에서 일어나는 것을 보면 다 알게 될 것이다. (유튜브 정법강의 2912강 중)

국민들이 지금 돈에 대해서 미치고 환장한다고 해서 돈이 오는 것은 아니다. 우리가 돈을 쫓아가면 돈이 안 온다. 돈은 어떻게 해야 돈이 오느냐 하면, 내 목숨보다도 돈을 아끼고 사랑할 줄 알아야 돈이 온다. 돈이 갖고 싶다고 돈이 오는 게 아니고, 내가 돈을 아끼기를 목숨보다도 더 아껴야지 돈이 오는 것이다. (유튜브 정법강의 2911강 중)

돈이란 무엇인가? 돈에 돈 자도 몰랐기에 처음부터 다시 배운다는 자세로 열심히 공부하고 있습니다. 알고 보면 나는 돈과 친할 생각이나 준비를 전혀 하지 않고 산 것입니다. 스승님 말씀대로 자기 목숨보다도 더 돈을 아끼고 사랑해야 됨에도 불구하고, 돈에 대해 무지하고 무시한 태도는 결국 나를 가난이라는 울타리 안에 오래도록 갇히게 하고 말았다는 것을 알았고, 마냥 천박하다고 봤던 부에 대한 생각을 확실하게 뜯어고치게 되었으며, 모름지기 돈은 다다익선의 순기능이 충분히 있음도 알게 되었습니다. 바른 분별에 의해 바르게 쓸 줄 안다면 돈은 얼마든지 소유해도 욕되지 않으며, 얼마든지 이웃과 사회를 위해서 빛나게 사용할 수 있다는 것도 깨닫게 되었습니다.

내가 갖춘 미래의 시간은 양만 많은 최고의 부자가 아닌, 질량이 충만한 최선의 부자가 되어 이웃과 사회를 이롭게 하는 데 아낌없이 바르게 쓰겠다고 천명하는 바입니다.

나를 아는 사람들은 이 점을 반드시 기억해 두었으면 좋겠습니다. 이렇게 하고자 하는 것에 대해 이미 준비가 되어 있고, 이는 그간 정법을 만나 공부하면서 바르고 좋은 이념을 세우게 되면서 최종적으로 다짐해둔 것입니다.

좋은 이념이 있어야 많은 물질들도 명분에 맞게 바르게 운용할 수 있다는 생각에서 '조화풍요 세인이행'이라는 이념을 탄생시켰고, 그 목표와 목적을 달성하기 위해 한 땀 한 땀 노력하고 있으며, 한 땀이라도 더 성장하고 발전하기 위해 노력에 노력을 다할 것입니다.

그렇게 함으로써 흐르는 물과도 같이 우리의 이념을 아름답게 펼치는 삶을 살 수 있다는 것을 나는 의심치 않으며, 내가 희망하는 미래의 삶은 하루하루가 즐겁고 기쁘며 행복한 날들의 향연이 될 수 있게 구현하는 것이므로 다음과 같이 감사한 나날을 사는 것입니다.

'나는 조화로운 풍요를 갖추어 나와 뜻을 같이 하는 모든 인연들과 함께 이웃과 사회와 나라와 인류를 위해 세인이행을 펼칠 수 있음에 감사합니다!

천. 지. 인 인연들이 있음에 항상 감사합니다! 덕분입니다.' 라고.

다시 한 번 다짐하지만 앞으로의 내 삶의 목표와 목적은 분명합니다. 무량한 이친들과 홍익이념으로 하나 되어 그 이념의 길을 함께 가는 것! 이것이 나와 더불어 함께하는 우리의 무궁한 비전입니다.

그리고 나를 불태워 홍익인간의 사명을 완수하는 것으로, 나의 삶의 끝을 아름답고 향기롭게 장식하고 행복하게 홀연히 천상으로 가는 것입니다.

봄날에 나를 비추다

예로부터 우리 해동대한민국은 신선들이 사는 나라라 했고
지금은 홍익인간들이 태어나고 자라는 이 땅 모든 산하에
화사한 꽃들로 지천을 이루고 있습니다.
내 나이 어느새 지천명에서 이순에 드는 이때, 이 아름다운
색색의 꽃의 향연을 보노라니 내 마음에서조차 향기가 납니다.
나는 꽃들을 보며
이웃과 사회와 나라와 인류를 위해 무엇을 해야 하는가? 라는
생각이 만발합니다.
하늘의 명도 자연의 이치도 다행스럽게 정법을 만나 공부함으로써
아주 조금 겨우 어렴풋이 알게 되었습니다.
이 봄에는 사람이 꽃이고 꽃이 사람으로 자리바꿈을 합니다.
사람은 애쓰지 않아도 꽃을 닮고
꽃은 흉내 내지 않아도 사람을 닮습니다.
이 따스한 봄날!
바람에 지는 꽃 이파리는 내 삶의 한 조각입니다.

그 지는 한 조각에 얼마만큼의 아름다움과 향기가 배어 있을까에
아직은 의문이고, 또한 지혜로운 이순의 눈은 꽃처럼 향기롭고
밝게 빛나야 하나, 더 채워도 모자랄 판에 기력이 다한 탓인지
자꾸만 떨어지는 꽃잎을 어쩌랴 싶다가도,
이내 손발에 힘을 주고 흐릿한 눈이나마
힘껏 치켜뜨기를 포기하지 않습니다.
나의 삶이 바람에 흔들려 비록 꽃잎처럼 떨어져 나가도
내 삶이 유지되는 건 아마도 내가 찾는 '희망찾기'를
포기하지 않아서 일겁니다.
누군가는 봄을 맞아 청춘이고 희망이라고 말할 때,
나는 사람이 희망이고 행복이라고 말하고 싶습니다.
꽃피는 봄날!
지는 꽃 이파리에 삶이 하나 접히면
나는 다시 새로운 삶의 꽃을 피워 올립니다.
봄날은 사람다운 사람을 만나기 참으로 좋은 날입니다.
그런 사람들이 이 땅에 이 봄날의 꽃처럼 피어나길 그립니다.

이제는 말의 시대입니다

이제는 말의 시대입니다.

내가 하는 어떠한 말에 의해 자신은 물론 상대의
생사의 운명이 갈리는 시대에 들어섰다고 합니다.

누가 하든 말은 다짐이며
스스로 지키기 위해 실현시키는 것을 목적으로
대자연에 스스로 하는 약속과 기도입니다.

다만 자신이 한 말을 이루기 위해 행동하는
지혜로운 사람만이 최상의
풍요로운 황금열매를 얻을 것입니다.

누군가가 자신의 밭에 정성으로 나무를 심으면
그의 정성이 이뤄지길 바라는 마음은 그를 위한 기도이며 자신의 밭에도 황금나무를 심는 것과 같습니다.

하늘이 보내주는 인연이라는 밭은 이웃과 사회와 함께
가꾸고 나눌 즐거움과 기쁨과 행복이 있는 요람입니다.

행복이란

이제 선지식인들이, 이제 후천시대를 열면서 우리가 즐거움이 어디서 오냐면, 내가 너를 위해 사니까, 너의 즐거움을 보고, 네가 너무 좋아하니까, 내가 즐거운 것이다.

일속에서 즐거움을 얻는 것이다. 또 질 좋은 일을 하면서 기쁨을 느끼고, 또 질 좋은 일을 하면서 행복을 느끼는 것이다. 행복은 그렇게 찾아오는 것이다.

누가 나에게 다이아몬드를 주니까 행복한 게 아니고, 내가 너를 위해서 하매, 너희들이 좋아지는 것을 보고 나는 행복을 느끼게 돼 있다. 나를 위해서 사는데 행복한 방법은 절대 존재하지 않는다. 이 나라에서 우리가 행복을 느끼려면, 우리가 인류를 위해서 살아야 행복이 느껴지는 것이지, 기쁘고 즐거움이 느껴지는 것이지, 이 나라를 위해서, 이것은 우리를 위해서 하는 것이다.

작은 일을 해도 타, 이타 행! 여기에서 즐거움을 느끼는 것이다. 이타행! 오늘날에 맞는 이타행을 찾아야 한다.

우리가 등불을 들어서 이 빛이 널리 사람을 이롭게 하면, 여기에서 이제 지도자가 되는 것이다. 단의 혈통들이 거룩하게 이 세상에 나오는 그런 홍익인간들이다, 이 말이다.

이렇게 해서 우리는 즐거움을 맛보게 되고, 기본 일을 이렇게 시작을 하니까, 여기에서 이게 질량이 채워져서, 사람들이 아주 즐겁게 되니까, 나는 기쁘더라, 이렇게 올라가는 것이다.

타인이 즐거워야 내가 기쁨이 온다. 내가 타인한테 행을 해가지고

타인들이 아주 기쁘니까 행복이라는 게 오는 것이다. 네가 괴로운데 나는 행복하다? 이제 계산 한 번 해봐라, 너는 괴로운데 나는 행복하다? 이게 되느냐? 뭔가가 안 맞는 것이다.

내가 행해서 네가 기쁜 일이 일어나니까, 내가 그것을 보며 나는 행복한 것이다. (유튜브 정법강의 3426강 중)

우리가 평소에 하는 '행복하다.' 라는 말은 정말 맞는 말일까 아니면 착각일까? 이에 대해 스승님은 단연코 착각이라고 말씀하십니다.

나는 뭐뭐 하니까 행복하다, 또는 연인 사이에 그대가 내 곁에 있으니까 행복하다, 간혹 맛있는 것을 많이 먹고는 행복하다 등등 별의 별 행복을 표현하곤 합니다. 여기에는 우리가 미처 알지 못하는 것이 있다고 합니다.

지금까지 말한 것들은 실상 좋은 것이지 그것이 말처럼 행복한 수준의 등급에는 전혀 미치질 못한다는 것을. 위 법문에서처럼 행복하기 위해서는 순서가 있어야 한다고 합니다.

우리가 알고 있는 정도의 행복은 좋다가 말 수준이며, 이 좋은 수준을 넘어서야 즐거운 것이 오고, 그 즐거움을 넘어서야 기쁨이 오며, 그 기쁨을 넘어서야 비로소 행복을 맛본다고 합니다.

그러니까 어느 조건이 맞아야 그 다음 단계에 이르게 됨을 알 수가 있습니

다. 맞는 것이 우리는 누군가에게서 칭찬을 듣거나 선물을 받으면 마음이 굉장히 업 되어 좋다가도 그것이 식고 나면 언제 그랬냐 싶게 무덤덤해지고 마는 것을 누구나 겪으며 살아가곤 합니다. 어제는 좀 좋았다가 오늘은 심심하고, 좀 전에 좋았는데 지금은 무언가에 태클이 걸려 기운이 다운되어 불행하다는 느낌이 들기도 합니다.

그런데 말입니다, 만약 우리가 즐겁다면, 진실로 즐겁다면 그 단계에서의 추락은 없다고 합니다. 우리가 보는 하늘에 구름이 꼈다 벗었다 하는 작용이 없는 것처럼 맑기만 한 상태에 머물게 되어 있다고 합니다. 그 즐거움의 세상에 말입니다. 그러므로 지금까지와는 달리 즐겁고 기쁘고 행복하기 위해서는 각각의 격에 맞는 방법을 찾아 조건을 맞추었을 때만이 가능할 것이라고 봅니다.

그러니 어느 한 순간에 기쁘고 행복하게 될 수가 없다는 진리를 깨닫고 그렇게 살고 싶다면 그에 맞는 조건을 스스로 수행해야 됨을 알아야 될 것입니다.

그 수행의 대상은 바로 내 주위에 있는 사람들이고 작게 할 것이냐 크게 행할 것이냐의 차이에서 그 단계가 정해진다고 생각하면 될 듯싶습니다.

나만을 위해서 사는 게 아니라 상대를 위해서 살게 되면 그 상대의 삶의 수준에 따라 나의 감정의 단계가 정해지는 것이라고 이해를 하면 될 듯싶습니다.

내가 상대를 이롭게 해서 상대가 즐거워지면 나는 기뻐진다는 말씀을 듣고 나서, 그것이 이해가 되므로 그렇게 살아가고자 한다면, 우선적으로 바른 마음가짐이 필요하다고 합니다.

그래서 스승님께서는 우리 삶의 중심을 잡으라고 일러주신 것이 바로 홍익4행도입니다.

"나는 아웃과 사회와 나라와 인류를 위해 무엇을 해야 하는가?"인 것이죠.

나의 갖춤의 질량의 크기에 따라 그 대상이 확장되는 삶을 사는 것을 목적으로 할 수 있게 법으로 내놓은 것입니다. 이타행으로 시작하여 이광공익으로의 삶을 의미하는 것입니다.

공부를 하다 보니 홍익인간이라면 기본적으로 자신 주위의 사람들을 즐겁고 기쁘고 행복하게 할 의무와 책임을 가져야 하지 않나 하는 생각에 나 자신도 그러한 삶을 살고자 부단히 노력하고 있는 중에 있습니다.

함께 즐겁고 기쁘고 행복할 그 날을 그리며 말이죠.

뜻있고 보람된 삶을 살고 가는 우리 홍익인간들의 마지막 모습은 "생로병사가 아닌 생행복사여야 한다"는 스승님의 말씀을 새삼 가슴에 새기며, 이 글을 읽는 우리 형제자매들 또한 큰 삶을 살 수 있게 되기를 진심으로 기대합니다.

이 아름다운 세상에 소풍을 온 것처럼 나를 맑혀 갖춤으로써 즐겁고 기쁘고 행복하게 살다가 웃으며 마쳐야 비로소 우리는 세상에 빛나는 별이 될 것입니다.

우리는 지금 홍익인간으로서 별의 길을 가고자 노력하고 있는 것입니다.

미래 비전_내가 사는 이유

답부터 말하면, 나는 내가 아닌 우리로서 다함께 살아가고 싶습니다.

'나는 너에게 너는 나에게 어떤 도움을 주어 우리 서로를 즐겁고 기쁘고 행복하게 할 수 있을까?'를 생각하고 또 생각해서, 나름의 답을 얻었음에 이를 이루기 위한 목표와 목적을 우리가 사는 세상에다 즐거운 마음으로 꺼내 놓으려 합니다.

우리 해동대한민국에는 천혜의 명당이 참으로 많이 있습니다. 소위 명당이라는 자리는 산자를 위해서도 그렇고, 죽은 자를 위해서 좋은 명분으로 쓰여 왔습니다. 삶의 시작과 끝! 우리 역사의 시작이었습니다.

지금 시기는 만물이 열린 풍요로운 시대이고 이를 발전시키기 위해서는 대자연의 열매인 대자연의 이치를, 미래 시대를 위한 씨앗으로 인류사에 파종을 해야 되는 시기를 맞이하였다고 봅니다. 각설하고, 이웃과 사회를 위해 무엇을 할 수 있을까 하고 생각 끝에 찾아낸 '새로운 패러다임을 위한 미래 도시'를 설계하고 보니 참으로 재미가 있을 것 같아서 내친김에 우리들의 즐거운 삶을 위해 기꺼이 펼쳐 보이는 것도 그리 나쁘지 않다는 생각입니다.

아마도 이러한 내 생각에 동의하는 사람들이 꽤 많지 않겠나 싶습니다. 우리가 계획하고 완성된 도시는 미래 인류사회를 위한 새로운 패러다임의 문화가 꽃 피고 열매가 맺어 인류 사회를 이끌어 나갈 것이라고 믿어 의심치 않습니다. 그렇게 하기 위해서 어제도 오늘도 내일도 나 자신을 갖추면서 최선의 노력을 다해 갈 것입니다.

우리들이 함께 하는 세상을 만들어 가려면 우선 제일 먼저 나 자신부터 갖추는 것입니다. 나의 갖춤의 잣대로 세운 목표가 '조화풍요(造化豊饒)'입니다. 필수적으로 다섯 가지 풍요를 갖추어야만 진정한 풍요를 갖추었다고 할 수 있다고 합니다. 그 다섯 가지 목표는 육체 및 정신 건강의 풍요와 지식, 물질, 사람의 풍요를 말합니다.

인간관계에서 가장 유용한 방편은 물질 즉, 경제를 방편으로 어떤 일을 도모하거나 사람을 움직이게 하는 데 가장 크게 작용할 수 있다는 생각입니다. 더불어 바르게 잘 쓸 수만 있다면 다다익선이랄 수 있을 것입니다. 이는 전적으로 공적인 일에 투자되는 것을 말합니다. 공은 이웃과 사회를 위한 가치의 사업의 영역을 말합니다.

다음으로 우리가 일으키는 사업의 질량을 높이기 위해서는 반드시 관련 지식이나, 바르게 운용할 수 있는 진리의 지식을 갖추어 바른 인성을 소유한 사람만이 그 사업을 성장시키고 발전시킬 수 있다고 봅니다. 풍부한 지식은 사업의 질을 높이고 확장시키는 데 결정적 역할을 하며, 또한 물질과 사람을 효율적으로 운용할 수 있는 인성의 꽃이랄 수 있습니다.

이와 더해서 사람관계가 풍요롭다면, 많은 사람들의 뜻이 같다면 인간 역사에서 못 이룰 일이 일도 없을 것입니다.

인류는 사람의 역사입니다. 지금까지는 사람에 의해 지식과 물질과학을 생산했다면, 이제부터는 사람을 위한 물질과 지식을 바르게 운용해야 될 시대가 되어야 한다고 합니다. 사람만이 사람을 이롭게 할 수 있습니다. 이롭게 한다는 것의 정의는 물질이 아닌, 자신의 모순을 바르게 잡을 수 있는 진리의 지식을 전함으로써, 그 자신의 지식의 함양을 도울 때 비로소 도왔다고 할 수 있을 것입니다.

사람을 이롭게 하는 사람들 중심에 어떤 생각을 심고 함께 가꾸느냐에 따라 미래 환경을 결정지을 수가 있기 때문에, 우리가 만약 "인류평화"의 나무를 심고 가꾼다면 전 인류가 평화의 나무로 우거질 것입니다. 내가 먼저 평화로우면, 이웃이 평화로울 것이고, 하나 둘 이심전심으로 하나가 된다면 인류 전체가 선하게 되어 평화는 완성될 것입니다.

이것이 하늘엔 영광이고 땅에는 축복인 것입니다. 인류평화는 사람다운 사람만이 해낼 수 있는 가장 위대한 사업입니다. 함께 할수록 빛나고 많을수록 질량도 커지고 밀도도 높아지기 때문에 이 또한 다다익선이라고 할 수 있을 것입니다. 나무가 많아지면 숲이 되듯 말입니다.

물질, 지식, 사람의 풍요를 갖추는 것 못지않게 중요한 것이 정신과 육체의 건강의 풍요로움입니다. 예부터 건강을 잃으면 모든 것을 잃은 거나 마찬가지다 라는 말처럼, 한쌍인 육체와 정신의 건강이 담보되지 않는다면 그 어떤 일도 바르게 실천할 수 없기에, 앞서 언급한 것 모두는 무용지물이 될 것입니다. 리더가 건강치 못하다면 자신의 곡을 지휘를 할 수 없을 것이며, 결국 그 아름다운 음악은 연주되지 못하고 사장되는 비운을 맞게 될 것입니다.

육체는 더 건강할수록, 정신은 더 건강할수록 삶의 창조는 풍요롭고 아름다운 빛으로 현실화 되어 즐겁고 기쁘며 행복한 삶을 만끽할 수 있게 될 것입니다.

건강, 백 번을 강조해도 지나침이 없다할 것입니다. 더구나 공적인 삶을 추구하는 사람은 건강의 풍요는 기본으로 갖추어야 할 것이라는 생각입니다.

이렇듯 풍요의 조화를 바탕으로 목적을 완성하는 것! 즉, '세인이행(世人利幸)'을 펼치는 삶을 사는 것이 저와 함께 할 우리들의 덕목입니다. 이타주의는 홍익인간 1세대인 우리 베이비부머 세대가 태어나면서부터 부여받은 천성이기에, 이를 사명으로 삼고 완수해야 할 의무와 책임이 있다고 생각하며, 이를 토대로 발전시켜온 이념이 바로 '조화풍요세인이행(調和豊饒世人利幸)'입니다. 나와 우리의 근기에 맞게 다지고 다져서 창조해낸 이념이기도 합니다. 이러한 우리들의 이념을 오로지 바르게 실천함으로써 이웃과 사회를, 더 나아가 나라와 인류를 이롭고 행복하게 하는 삶을 펼침으로써 우리에게 부여된 사명을 완수하는 것이라고 생각을 합니다.

목표는 목적을 위한 소중한 재료와도 같습니다. 나의 성장의 지표인 갖춤을 바탕으로 제 2의 삶을 펼쳐 완성하는 목적이 향하는 곳은 함께 이루고 함께 나누는 삶이며, 이를 위해 달성한 목표들을 적재적소에 바르게 쓰이게끔 능수능란하게 지휘하여 명곡을 아름답게 마무리하는 것입니다.

우리가 함께 이룬 삶은 살아있는 이념의 명작으로 길이 역사에 남아서 누군가를 위한 빛이 되었으면 참으로 좋겠다는 생각입니다.

세상과 사람들을 이롭고 행복하게 할 금강의 기둥이자 재료들인 인간, 지식, 물질, 육체와 정신을 융합해서 창조되는, 이념이 살아있는 우리들의 이친나라의 모습을 상상해 봅니다.

우리 해동대한민국에 태어난 우리는 인류의 뿌리민족으로서 인류공영에 이바지하는 삶을 살아야 한다고 천공 스승님께서 역설하십니다. 왜? 그렇게 살아야 하는지에 대해선 '유튜브-정법강의나 정법시대 홈페이지'를 통해서 알아보길 권합니다. 저는 지난 6년여의 시간 동안 공부하며 결심하게 된 것이, 어떻게 하면 나의 갖춤을 이웃과 사회를 위해 바르게 쓸 수 있을까?에 대해 많은 숙고의 시간을 가져왔습니다. 시간이 있을 때마다 이를 확인하기 위해 주변 도반님들에게 말을 자주 해왔습니다.

그 예로 이상적인 도시 건설! 수신제가 후 치국평천하의 길로 발전시키기 위한 역발상의 방법을 제시하곤 하였습니다. 공부한 바에 의하면 갖추는 것도 능사의 하나지만, 이를 어떻게 운용할지를 모른다면 모든 것들이 다 허사가 되고 말기 때문에, 그래서 운용의 묘를 찾기 위해 수시로 그림을 수정해 가며 아름다운 그림을 완성하기 위해 힘써 왔습니다. 그랬던 바, 다음과 같이 운용되게 하면 아주 근사하고 질량 있는 나라의 기틀을 놓을 수 있겠다는 생각입니다.

물 맑고 수려한 남쪽의 청산에, 한 삼십만 평 정도의 땅에 '이친나라' 터를 잡고 나서, 이곳저곳을 둘러보니 기가 찬 땅이로되 향은 남향이요 터는 산이되 평원을 이루고 이 터의 경계는 산악이 병풍을 두른 듯 하니 소위 명당이라 할 만합니다. 한때 저는 이런 땅은 우리 정법을 위한 교육원으로 활용하면 좋겠는 생각이 들었으나 당장 살 돈도 없고, 함부로 쓰기에는 아까운 땅이라는 생각이 들어서, 요 땅을 살 요량으로 방법을 찾고 또 찾다보니, 지금에서 생각하면 좀 우습기는 하나, 그 터를 살 방법은 딱 하나, 바로 로또복권 일등에 당첨되는 길밖에 없다고 생각하고, 그 주부터 로또복권을 매주 열심히 사서 당첨을 잔뜩 기대를 하고 있는데, 어느 날 들려오는 스승님 법문에, 돈이고 물질이고 나에게 직접 던져주듯 맡기지 말며, 주려거든 함께 운용할 명분과 방법을 제시해서 함께 하지 않는 한 나는 그런 것들을 받지 않으시겠다는 말씀과, 우리 정법을 공부하는 정법가족들은 법문 이후 복권 당첨을 기대하지 마라는 말씀을 듣고서는, 앞서 생각한 것이 엉뚱한 것임을 알고는, 그런 이유로 더는 복권을 사지 않게 되었습니다. 그래서 아쉽지만 땅을 사서 기부하겠다는 생각은 접고, 그렇다면 나 자신을 갖추어 이 좋은 터에 나의 야심찬 계획을 세워 멋진 세상을 펼쳐보겠다고 결심을 하고는, 어떻게 채워야 멋지고 근사한 미래형 도시가 될 수 있을까를 생각하며, 밑그림을 그리고 또 그리기를 반복해가며 지금에까지 이르렀습니다.

이 깨끗하고 수려한 땅을 활용하는 목적은 우리 인류사회의 미래 발전을 위한 것입니다. 인류의 상시 교육장이자 상시 관광의 장으로 운용될 수 있게 하며, 순전히 공적인 공간으로서 우리의 인류 사회를 위해 홍익인간 인성교육을 함양함으로써 "홍익이념-사람을 널리 이롭게 하라"는 우리의 이념이자 인류의 이념으로 꽃을 피워 인류의 행복과 평화를 위한 요람으로 만들어 가겠다는 생각입니다.

신 패러다임으로 건설되는 도시 '이친나라' 중앙에는 업무시설이 있을 것이며, 이를 둘러싼 곳으로 교육 시설이 있을 것이며, 병풍 같은 울타리 부근으로는 아늑한 휴식 공간인 주거의 공간으로 채워지면 아주 좋겠다는 생각이고, 이 기본적이고도 특별한 배치법은 우리 천공 스승님의 수도 서울에 대한 법문을 인용한 것입니다.

퍼지는 물결처럼 도시 중앙에 들어서는 시설로는 문화와 휴게 편의를 위한 다량의 시설과 모든 업무를 담당할 지휘 본부를 세우고, 다음으로 공간을 두고 나서는 교육을 위해 필요한 시설들을 운용할 수 있게 하며, 그 다음 공간은 편안한 쉼이 있는 주거 공간으로써 다양한 주거공간이 자리를 잡는다면, 인류의 명실상부한 삶의 스토리가 있는 역사적이고도 아름다운 교육문화 도시의 탄생이 될 것이라고 생각합니다.

그렇다면 이를 위한 자본의 충당은 가능한지가 가장 중요한 사항일 것입니다. 이에 대안으로 제시하는 것은 이미 앞서 언급했던 일차적 목표인 '조화풍요'를 성공시킴으로써 충분히 가능하다 할 수 있을 것입니다. 제 일의 방편인 물질적 풍요를 바탕으로 온갖 편의 시설을 위한 도시 건설의 초석을 다지는 일인데, 이것에 일조를 할 것으로 믿고 있는 사업이 '황금노트북 출판 사업'이 준비되고 있으며 제 2, 제 3의 사업들이 준비 중에 있음으로 가능할 것이고, 지식의 풍요를 활용해 신 패러다임의 교육과 문화가 창조되고 인류사회를 위한 연구의 메카가 되도록 하며, 사람이 사람을 위해 풍부한 인적 관계를 세계적으로 확대하는 인적 네트워크를 적절히 활용할 수 있도록 하여 미래지향적이고도 인류 발전적으로 길이 이어질 수 있게 할 수 있다는 생각입니다. 사람 완성의 5 원소랄 수 있는 인간, 지식, 물질, 육체와 정신건강의 풍요로움을 근본으로 세상과 사람을 이롭고 행복하게 할 수 있는 신 패러다임의 인류의 새로운 역사 창조가 가능할 것이 자명합니다.

인류평화와 행복은 이념이 하나로 통일되어야 하는데 그것은 오직 "세상을 널리 이롭게 하라-홍익이념"만이 가능할 것이라는 스승님의 말씀에 전적으로 동감합니다. 최고의 교육은 최고의 복지라고 합니다. 이렇듯 나의 미래비전이 완성되면 "홍익4행도-나는 이웃과 사회와 나라와 인류를 위해 무엇을 해야 하는가?"에 대한 하나의 답으로도 가능하다고 봅니다. 그렇다면 누구와 함께 할 것인가는 당연 나와 뜻을 같이 하는 모든 인연들과 함께 새로운 패러다임의 위대한 역사를 창조해 나아갈 생각입니다. 항상 감사합니다! 덕분입니다!

'의논하라'에 대하여

을은 갑한테 어떻게 해야 되냐?

의논해야 된다. 의논! 항상 의논해야 되는데 지금 우리는 어떻게 하냐면, 의논을 안 하고 내 주장을 한다. 항상 내 주장이 강하다는 것이다. 내 주장이 강한 사람은, 내가 어려운데도 내 주장이 강한 사람은 갈수록 어려워진다. 원리는 바로 이런 것이다. 아주 단순하다. 습관을 바꾸기가 좀 힘들 뿐이지, 자연의 법칙은 단순한 것이다. 답은 아주 단순하다는 것이다. 사람을, 상대를 바르게 대하면 내 모자람이 채워져서 일이 풀린다. 내 건강도 좋아지고 뭐든지 다 회복되게 돼 있다. 왜? 에너지는 질량을 서로 주고받기 때문에 항상 받을 수 있게끔 지금 환경이 되어 있다는 것이다. 사람이 말 한마디 하는 것은, 에너지를 나한테 주는 것이다. 물질을 주니까 준다는 생각을 한다. 사람이 말을 해가지고 말을 받는 것은, 이것은 비물질 에너지 질량을 주고 있는 것이다. 그런데 네가 이것을 받아들이느냐 탁 막아버리느냐 이것은 너한테 달린 것이다. 그런데 이 에너지가 얼마나 아주 질량이 엄청난 것인지를 모르고 있는 것이다. 사람이 너를 죽일 수도 있고 살릴 수도 있는 게, 이게 비물질의, 사람이 말하는 에너지 질량이다. 이로 인해 정신이 번쩍 들 수도 있고, 그냥 갈 수도 있다.

기분 나쁘게 말해버리면, 네가 돌아버린다. 그냥 돈다. 미치기도 하고, 아주 그냥 이상하게 말해버리게 되면, 갑자기 내가 성이 나서 이상하게 돈다. 이게 사람 입에서 나오는 에너지다. 독을 뿜으면 네가 시름시름 쓰러지고, 왜? 내가 말을 한마디 잘못해가지고 사람이 죽는 거 모르느냐. 내가 지금 말 한마디 잘못하면 저 사람이 가다 교통사고 나서 죽는다. 우리는 물질을 가지고 있는 것만 활용을 하는가 싶지만, 비물질 에너지로 지금 운용이 되고 있는 우리 비물질의 질량 에너지가 얼마나 무서운 일을 하는지, 우리는 지금 그것을 모르고 있는 것이다. 이것은, 물질에너지 질량은 비물질 에너지 질량에 천지 차이로 따라갈 수 없는 질량인 것이다. 그래서 큰 스승을 찾는 이유가, 큰 스승이 한 말씀 하시는 것은, 비물질 에너지지만, 이것은 내공에서 나오는 에너지이기 때문에 너를 살릴 수도 있고, 너의 힘을 거둘 수도 있고, 이런 일이 일어나는 것이다. 을은 항상 내가 힘이 없을 때는 상대한테 의논을 해서 가는 것이 겸손한 것이다. 겸손은 다른 게 아니다. 겸손은 비굴하라고 하는 것이 아니다. 엎어져라, 속이고 있어라, 이 소리가 아니다. 뭔가 착각들을 하고 있다. 겸손이라는 것은? 지극히 당연하게 할 수 있는 일인 것이다. 나보다 나은 사람한테는 네 주장 하지 말고 의논해라. 의논하는 것이 겸손인 것이다. 나보다 기운이 나은 사람한테는 항상 의논하라. 의논하는 도중 서로 왔다 갔다 하다 보니까, 슬쩍 나도 모르게 또 주장하고 있다. 이것을 보고 지극히 겸손하지 못하고, 조금 겸손하다가 다시 머리 바짝 드는구나, 네가. 이래서 네가 지금 뭐가 안 되는 것이다. 그러니까, 지극히 겸손하라고 하는 것은, 시작할 때부터 끝까지 겸손하라는 것이다. 시작할 때부터 상대가 어떻게 나오던 끝까지, 예를 들어, 오늘 내가 2시간 동안 의논하러 왔다면, 그럼 2시간 끝날 때까지 지극히 겸손하라는 것이다. 지극히! 말이다. (유튜브 정법강의 3264강 중)

"나보다 나은 사람한테는 네 주장 하지 말고 의논해라. 의논하는 것이 겸손이다."

맞습니다. 나는 지난날 우리의 삶에 대해 전혀 눈곱만큼도 의논하지 않았습니다. 학창 시절 친구들과 어떤 일을 하고자 할 때면, 내 생각과 일치하지 않으면 그들과 함께 행동하지 않는 고집스런 불통이 많았습니다. 말이 많은 것을 용인하지 않는 — 주장만 했지 정작 필요한 의논은 거부하는 행태가 나름 존심을 지키는 것이라고 생각하곤 했던 것입니다. 간혹 친구들과 의논을 몇 마디 주고받다가, 그 안에서 내 생각과 일치하면 같이 하고, 일치하지 않으면, 너희끼리 하라며 그 대열에서 이탈하곤 했지요. 좋을 때는 한없이 좋고, 틀어지면 대책이 없는 인물!로 성장한 것입니다.

의논이 없는 통보! 이것이 성인이 되어서까지, 심지어 가정을 꾸려서까지 지속되어지면서 아주 불행한 씨앗이 되었던 것입니다.

결혼해서도 양가의 대소사나 직장일 등, 이 모든 것들은 오로지 나의 잣대에 의한 판단으로 생애 모든 일들을 처리하곤 했습니다. 속된 말로 긴 말이 필요 없다는 식이었습니다. 완전 독불장군의 표상이죠! 내가 판단하는 것에 대해 이의를 제기하면 고집을 부려서라도 우기고 기어이 내 식으로 하고야 마는, 일방적인 1인 지배체제 생활 속에서 가정에 화목한 꽃이 피지 않는 것은 너무나 당연하겠지요. 그럼에도 불구하고 옆에서 가당치도 않은 나의 행동을 지켜만 봐야 했던 가족들의 마음이 어떠했을까를 자문해 봅니다. 가정사 조차도 의논 없이 내 맘대로 결정이 되어 생활하다 보니 가정은 점점 더 어려워지게 되었던 것입니다. 그때는 몰랐고 도무지 이해할 수가 없는 것이 어쩌면 당연한 거겠지요. 내가 정의고 내가 선이라는 끝 모를 생각에 빠져 오만과 자만은, 결국 오판으로 인한 삶의 어려움이 가중되어 견딜 수 없는 짐이 되고, 온 가족의 지탄의 대상으로 전락하고 사회의 수렁에 빠지는 수모도 감내해야 되는 처지가 되고 말았습니다.

사회적 잣대, 경제적 잣대, 도덕적 잣대 등등. 이 모든 것들이 나의 무식한 잣대에서 벗어나지 못했으니 지금의 어려운 환경은 사필귀정이라 할 수 있겠습니다. 의논 없는 소통불가인 독불장군, 오만과 자만, 총체적 모순된 삶은 고집멸도의 열차에 탄 듯한 것이 나의 지난날의 키워드입니다.

'나의 과거의 시기는 자유를 빙자한 무식한 방종의 시간이었습니다.'

현재의 나는 특히 가족에게는 안하무인! 일반 사회 대중에겐 법 없이도 살 수 있는 사람! 으로 인식 된 모순된 삶에 대해 열나절을 생각해 봐도 나는 아주 무식한 바보였다는 것을 이 정법을 만나 공부하면서 뼈저리게 알게 되었습니다.

"아프니까 청춘이다." 라는 모순보다도 '나이가 벌써 지천인데도 아픈 내가 몹시 슬프다는 사실에 큰 충격으로 남습니다.' 천지도 모르고 날뛰던 인간이 "바르게 사는 법" 정법을 만남으로써 비로소 반성의 시간을 갖게 되었다는 것에 너무나 감사한 마음입니다. 순전히 지금은 나의 과거에 대한 많은 반성의 시간 속에 있습니다.

뒤늦게 가난이 뭔지 깨닫고 눈물을 머금고 '이제부터라도 성공한 삶을 살자!' 그 방법부터 찾자는 생각에 즉시 서점으로 달려가 가장 빠르게 성공할 수 있는 방법을 제시한 책을 손에 들고 집에 와서 독파해 보니 아, 이거였구나! 찾아서 즉시 실행한 것이 바로 부동산 중개이었습니다. 이 또한 나의 일방적 결정 이였습니다. 그 당시만 해도 찬밥 더운밥 가릴 정신이 없었거든요. 그렇게 성공을 찾아다니는 열혈 맨? 일때 찾고 또 찾다가 만난 것이 정법입니다. 각 종 성공이라는 책은 다 찾아 독파하며, 그러면서 더 나은 멘토를 찾아다니고 했음에도 뭔가가 성에 차지 않는 가운데, 마침 페이스북을 연지

얼마 되지 않았을 때 정법강의가 눈에 띄기 시작했고, 몇 번을 패스하다가 혹시?나 하는 마음에 무슨 말인지나 한 번 확인해보자 하여 정법강의를 들어보게 되었고, 첫 만남은 '뭐, 그저 그런 거네.' 하며 닫아버리기를 몇 번 하다가 한 번 더? 더, 더 하다가 어느 날에 '아, 이거네! 내가 찾던 마지막 퍼즐이 여기에 있었네!' 너무 좋아서 그 뒤로는 정신없이 듣게 되었습니다.

그동안 책을 뒤지고 멘토를 찾아 유명한 스님께도 찾아가고, 각종 법문과 성공 강의를 들어 봤어도, 그 모자라는 2프로를 찾지 못하다가 이제 찾았다는 안도와 즐겁고 기쁜 마음에 sns페이스북에서 연결해 준 창원의 정 혜정 도반님께 통화를 요청해서 감사의 마음을 전했습니다.

사람은 누구를 만나느냐에 따라 자신의 운명이 바뀐다고 합니다. 우리 정혜정 도반님은 우리 가문의 은인이십니다. 우리 가문의 명운을 가르는 아주 복된 계기를 만들어 주신 것이죠. 가문에 드리운 모순을 바르게 잡는 공부를 저부터 할 수 있게 인연으로 맺어졌기 때문입니다.

"정법은 상식을 깨는 역설이다."라는 것이 스승님의 말씀입니다.

가족은 뭐고 혈육은 무엇인지, 상식과 진리. 신은 무엇이고 나는 누구인지, 학습과 교육의 근본, 기업과 종교단체의 역할은 어떠해야 하는지. 국민과 나라의 역할, 부부의 역할, 갑을 관계의 원리, 인연 등등에 관해 지금까지의 상식을 깨는 진리의 말씀은 바른 분별을 할 수 있게, 지혜의 말씀으로 우리를 이끌어 주시고 계십니다. 덕분에 우리는 생활도를 수련.수행할 수 있다는 것이 얼마나 다행이며 천복인지를 정법을 공부 삼는 사람은 알고도 남음이 있습니다.

"나보다 나은 사람한테는 네 주장 하지 말고 의논해라. 의논하는 것이 겸손인 것이다." 생각해보니 나의 주변에 있던 사람들은 나보다 훨씬 나은 사람들이었음에도 불구하고 나만 똑똑하다는 생각에 의논은 고사하고, 나의 일방적 통보가 전부였으니, 이 얼마나 무지한 경거망동이었는지를 알게 되었습니다. 삶에서 나만에 의한 일방통행은 겸손도, 존중도, 의논도 깡그리 무시한 천지도 모르는 무식쟁이의 주장일 뿐이라는 것도 정법을 공부하면서 차츰차츰 깨닫게 된 것입니다. 실력과 능력을 제대로 갖추지 않고, 가장이 되고 리더가 되었을 때 그 피해는 오롯이 나의 주변 사람들의 몫이 되어 큰 어려움과 고통의 나락으로 떨어지게 된다는 것을 알고 나니 참으로 내가 너무 어처구니없게도 살았구나 하는 마음에 가슴이 저밉니다. 그동안 많은 세월을 살면서 하는 짓이라곤 남 탓하고, 있는 불평 없는 불만 해대며 항상 나 잘났다고 꼬박꼬박 대꾸하며 고집부리다 보니, 결국엔 신의 신자도 모르는 내가 스스로 절도 찾아가 부처님께 무릎도 꿇어보고 하며, 나에게 닥친 어려움을 해소하고자 매달리는 짓도 해야 했습니다. 아는 것은 많은데 정작 나의 삶은 기본조차도 갖추지 못해서 그 많은 세월을 고통 속에서 살아야 하는 못난 인간이 되어 있었던 것입니다. 특별하지도 못하면서 나는 특별하다는 자아도취에 빠져서, 마치 신선놀음에 도끼자루 썩는 줄 모르다가, 이를 알아차렸을 때는 이미 한참 늦은 시기였고 생활은 고통의 나락으로 떨어진 뒤였습니다.

주변에도 가족에게도 의논 없이 돈키호테처럼 주장만 앞세운 행동은 “죽어봐야 저승 맛을 안다.” 라는 것처럼 통한의 세월을 오랫동안 견뎌야 하는 처지를 낳고 말았던 것입니다. 내 주변의 이웃들과 가족들은 전생에 무슨 죄가 많아 이토록 어려운 환경 속에서 고통을 감내해야 되는지에 참으로 뒤늦은 후회와 미어지는 마음에 어디론가 떠날까도 하는 생각도 하였으나, 꼴에 비겁하다는 생각이 들어 ‘비록 늦었지만, 한 번이라도 제대로 살아보자’ 굳게 다짐을 하고 찾아 나선 것이 성공하는 방법이고, 내가 밝혀 낸 성공이야말로 그동안 잃어버린 세월을 찾는 최선의 방법이라고 생각하고, 성공을 이루기 위해 내 할 일을 찾아 하나 둘 시작하다 보니 나름의 길이 보이기 시작했고, 그 즈음에 만나게 된 것이 바로 정법입니다.

철통같은 상식을 깨는 통렬한 정법을 통해 '바르게 사는 법'에 대해 공부를 거듭하면서, 그동안 내게 쌓인 상식이 깨지고 바른 분별을 할 수 있으므로, 어느 것에나 매이지 않으며 무엇에고 빠지지 않는 삶을 살 수가 있다는 것을 깨달았을 때 '아, 이것이 진정한 자유구나! 그래, 정법의 진수는 자유구나!' 라는 깨달음에 이르렀습니다.

그러므로 '대자연의 법칙'인 정법 공부를 통해 '홍익인간 인성교육'을 받으면 드디어 '사람 완성!'에 이른다고 천공 스승님께서 말씀을 하셨습니다. 저는 이 말씀에 일천 프로 동감합니다. 온통 하나부터 백까지 상식의 의한 모순으로 점철 된 지금의 시대는 스승님의 '홍익인간 인성교육'이 없이는 지금 수준에서 결코 한 단계도 위로 올라갈 수 없다고 말씀을 하셨습니다.

병아리가 자신의 알집을 스스로 깨지 않고서는 새 생명으로 태어날 수 없듯, '바르게 사는 법' 정법에 의한 '홍익인간 인성교육'이 없이는 우리 이웃과 사회는 물론, 이 나라도 이 인류도, 우리가 그토록 염원하는 인류평화의 꽃은 피어날 수 없다는 것을, 이왕이면 모두가 하루라도 더 빨리 알았으면 더없이 좋겠다는 생각과 이제는 그럴 때가 되었다고 봅니다. 이런 저와 같은 마음은 정법을 만나 공부를 하다보면 누구나 알게 될 것입니다. 세상에 "정법을 알고도 그럴 사람은 없습니다." 정법을 흡수하여 바르게 알게 되면 어제와 같이 그저 그렇게 살고 싶은 사람은 없을 것입니다. "인생이 뭐 있냐!" 라는 소리도 차마 입 밖으로 내지 못할 것입니다. 이에 대해 더러는 너무 앞서 간다고 생각이 들기도 할 것입니다만, 저는 이도 늦었다고 생각합니다. 시간 그리 많지 않거든요, 적어도 우리 베이비부머 세대들에게는…….

'바르게 사는 법'을 6년여를 공부하면서 뒤늦게 한 땀 한 땀 노력하며 살다보니 정에 정자는 조금은 알 수 있게 되었기에 감히 한 말씀 드리는 것입니다. 요즘은 누구를 만나든 정법의 정은 알려줄 수 있기에 나의 미래는 이미 계획이 되어 있습니다. 그동안 "삶이 그대를 속일지라도."처럼 말 못할 우여곡절도 많았습니다. 나에게 드리웠던 검은 구름도 한 풀 한 풀 걷히기 시작했습니다. 머지않아 따스한 햇살이 나를 비추고 있을 것입니다. 이제는 저 푸른 들판을 향해 한 걸음 한 걸음 나아가려 합니다. 물론 함께 하는 도반님들과도 말이죠. 반성도 해가며 역경 속에서도 공부하는 것은 내가 노력한다는 증거입니다. 이것이 나를 위로하고 희망을 갖게 하는 것입니다. 천지어버이신도 위대하지만 나또한 위대함을 알기에 그에 맞는 위대한 일을 하기 위해 오늘도 공부하면서 모자람을 갖추기 위해 노력하는 것입니다. '지금의 나의 시기는 반성과 미래를 위해 공부하고 준비하는 노력의 시간입니다.'

미래의 나는 '나는 죽어서 별이 되는 것보다 살아서 별이 되기를 소망합니다.' 한 땀이라도 더 질량을 풍요롭게 갖추어서 현생에서 빛남으로 해서, 이웃과 사회에 득이 되는 삶을 펼치고자 노력하는 것이 곧, 이 "바르게 사는 법" 인 정법을 공부하는 명분이고, 역량 것 노력하여 이를 갖추었을 때 드디어 소망하던 홍익이념을 펼치는 것이 된다고 생각합니다.

답부터 말하면, 나는 우리 도반들과 함께 정법의 생활도를 펼치는 삶! 이것이 우리 미래의 삶이 되어야 한다고 생각합니다. 깨닫는 것이 지혜가 아니고, 깨달은 것에 대해 질량을 갖추어서 행동으로 실천하는 것이 진정한 지혜라고 알게 되었습니다. 지혜라고 말 하려거든 먼저 바르게 알고 바르게 실천하는 행동을 해야 된다는 것입니다. 정법은 나를 이렇게 스스로 변하게 만들었습니다. 지난날의 과오와 지금의 반성 그리고 미래에 대한 비전에 대해 세상에 대고 용기 있게 말씀을 드릴 정도로. 정법을 알 때와 모를 때의 차이는 천양지차입니다. 그러므로 정법을 알고도 과거와 같은 생각으로 살 사람은 아무도 없을 것입니다. 안타깝게도 정법을 모르고 그냥 어제처럼 살다가 스러지는 것이 얼마나 슬픈 일인지를 나는 아는 까닭입니다. 마지못해 밀려서 어쩔 수 없이 스스로 떠나야 할 때를 알고 떠나는 이의 뒷모습이 아름다운 것이 아니라, 자신의 길을 알고 바르게 가고자 부단히 노력하는 사람이 진정 아름다운 것입니다. 어제를 반성하고 오늘을 노력하며 내일을 스스로 다스리는 삶! 이것이 아름다운 삶 아닐까요?

또한 '바르게 사는 법' 정법만이 이를 가능하게 할 것이라고 믿습니다. 진리의 지식으로 삶의 도를 펼칠 때 '사람 완성!"을 이룰 수 있다고 합니다. 이를 바탕으로 나의 미래의 비전을 말하고자 합니다.

먼저, 준비해온 황금노트북을 통한 '기록문화 콘텐츠 사업.' 정법 공부를 근본으로 한 '교육문화 사업.' 신 전자상거래를 통한 '국민기업공유소득 사업.' 바른 삶을 공유하는 '정법 전달 사업." 등 이를 노력하여 갖추었을 때 홍익이념의 한 축인 '조화풍요 세인이행'을 펼침으로써, 별의 삶! 을 창조하여 "조상의 얼을 빛내고, 안으로 자주독립을 이룩하여, 인류공영에 이바지 할 때다." 이것으로 사람으로 완성 된 홍익인간의 사명을 완수한다고 봅니다.

스승님이 늘 강조하시는 우리 홍익인간의 이념과 사명 의식에 일천프로 동의하며 함께 하겠습니다.

지금까지의 나의 공부는 어느 정도의 척도인지 알 수는 없습니다. 그러나 우리의 천공 스승님의 정법이 우리에게 있는 한, 그리고 그것을 오롯이 흡수하여 포기하지 않고 공부하는 한 우리는 그 곳에 이를 수 있게 된다고 생각합니다. 그러므로 나의 미래 시기는 홍익인간으로서 생활도를 근본으로 행복한 삶을 펼치는 자유의 시간이 될 것이라고 확신을 합니다.

대자연의 법칙인 '바르게 사는 법'의 정법을 가르쳐 주시는 천공 스승님과 또한 이 정법을 만나게 인연이 되어주신 우리 창원의 정 혜정 도반님과 향후, 우리의 위대한 사업에 참여하고자 하는 모든 대중과 정법 도반들을 인연으로 주신 하느님께 성심으로 감사를 올립니다.

2

正法、공부를 나누다

기록하라

우리 것은 여태까지 기록이 없다.

관공서에서 남기는 것만 기록 있다. 지금부터는 개인 블로그를, 너희들이 전부 다 기록으로 남겨서 세상에 남겨주어야 한다.

이 민족의 기록을 남길 시대가 벌어지게 된다. 그렇게 하라고 편리한 제품들을 개발을 해서 이 대한민국으로 다 들어오는 것이다.

이 기술들이, 미래에는 너희들을 신으로 받들 것이기 때문에, 이 민족을 하늘로 받들 것이다. 천손으로, 이 민족이 누군지를 이제부터 정리를 시작을 할 것이다.

우리가 얼마나 뜻있고 빛나는 일을 하고 보람 있는 일을, 이 인류에다 우리가 하느냐에 따라가지고 당신들이 이제, 하늘의 사람들이 내려왔음을… 그때, (지금의 기록을 통해서 알게 되므로), 이제부터 정리를 할 것이므로, 지금부터 달라지는 모든 우리가 하는 행위는 세상에 기록을 남겨야 한다. 기록을 하라고 기록할 수 있는 재료와 이 연장을 만들어 주는 것이다. 이제 당신들이 멘토의 역할을 할 때, 무엇을 가르쳤는가, 사람들은 무엇을 궁금해 했고, 무엇이 어려워서 찾아왔고, 이에 무엇을 가르쳤는가가 기록으로 다 남아야 한다.

그러면 지금부터 당신들이 하는 일에 힘을 써야 하느냐?

이 사람(스승님)과 처음 만난 사람들이 당신들이라고 볼 때, 이때를 기록해서, 오만 방법으로, 당신들 방법으로, 전부 다 매뉴얼을 만들어서

정리할 수 있는 사람은 당신들 밖에 없다.

그 사람들이 이것을, 이 강의를 들으면서 어떤 느낌, 그 주위의 상황, 이런 것들을 저마다 소질을 가지고서, 얼마나 매뉴얼을 잘 만들어 논느냐에 따라서 역사를 만들어 준다는 사실이다.

이 시간에는 당신들 밖에 없기 때문이다. 이 전에는 이 사람들 밖에 없었고, 처음에는 처음 만난 사람밖에 없었기 때문에, 그때 그 기록이 없었더라고 한다면, 그때 (스승님)만난 사람들이 때려죽일 놈들이 된다.

역사는 말할 것이다. 엄청난 일이 벌어질 것이다. 그런데도 기록이 없다면 아주 못난 사람들임을 그때 알게 된다.

차후 사람들이 너한테 올 때는 공부하려고 오는 것이 아니라, 이 스승님이 누구냐고 물으면서 다가올 것이다.

지금부터는 정확한 방법으로 온다. 과거에 불교에 가면서 싯타르타를 물으며 가질 않았다. 자신을 도와줄 까봐 간 것이다. 지금부터 앞으로는 사람들이 오면서 이 스승님을 물으면서 온다.

도와줄 까봐 오는 것이 아니고, 이 스승님이 누구냐고 물으면서 온다.

이게 미래시대, 부처의 시대가 오는 것이다.

이제 진짜의 시대가 오는 것이다. (유튜브 정법강의 1283강 중)

기록은 위대한 인류의 역사입니다. 기록문화유산이야말로 인류의 꽃이

요, 생명인 것입니다. 기록은 또 다른 창조를 낳게 됩니다.

누구나 기록을 할 수 있는 지금의 세상에 산다는 것은 축복입니다.

우리의 지식과 삶을 기록하고 창조하는 것은 인류발전과 생존의 핵과도 같습니다.

생각해 보시라, 어찌 기록 없이 지금의 인류가 가능했겠는가를. 과거로 갈수록 지식을 권력이 독점했기에 일반 백성들은 지식을 가질 수가 없었습니다. 그래서 무지렁이가 되어 핍박을 받아야 했습니다. 그로인해 기록은 꿈에도 생각을 못하고 생활에 한해 구전으로 전해서 그 뜻을 어렵게 이어왔습니다.

그런데 지금은 어떻습니까? 누구나 마음만 먹으면 자신의 기록은 물론, 사회와 나라 그리고 인류를 기록할 수 있는 실력과 능력을 갖추었습니다.

저마다 갖춘 지식과 우리사회의 삶과 문화를 기록으로 온전하게 후세에 전하는 것도 크나큰 역사를 이룹게 하는 행위가 될 것입니다.

후손들은 기록을 통해 우리의 삶과 정신에서 교훈을 얻을 것이고, 우리가 노력하고 발전시킨 새로운 패러다임의 지식으로 그들은 끝내 인류 평화와 인류행복의 꽃을 피우게 될 것입니다.

생각만 해도 앞서 간 선배로서 이 얼마나 가슴 뿌듯한 일이겠습니까?

지금 우리에게 온 풍부한 물질과 최고의 지식을 이제부터는 사람들을 위해 바르게 잘 써야 한다고 합니다. 자신이 한 시대를 살면서 무엇을 추구하며 어떻게 살았는지, 살아보니 삶은 인생무상이더라 라는 말은 너무나 무책임한 말에 지나지 않음을 알고, 삶은 이런 것이다 라고 답을 내놓고 가야 하는 것이 이 시대를 살다 간 지식인들의 의무요 책임이라고 생각합니다.

과거의 지식도 기록으로 보전되어 발전하다 보니 상식의 지식이 되었고 이제는 없는 것 없이 문명의 최대 이기인 인터넷에 저장하여 누구나 사용할 수 있게끔 발전되었습니다.

기록은 역사이며 위대한 유산입니다. 그러므로 이제 우리는 우리가 처음으로 접한 새로운 패러다임인 '바르게 사는 법-정법'을 인류를 위해서 저마다의 소질을 바탕으로 기록화 하는 작업에 노력을 다해야 한다고 생각합니다.

우리사회와 인류를 위한 위대한 홍익사업을 사명감을 가지고 기록하여 유산으로 물려주려는 노력이 필요한 시대를 맞이한 것입니다.

"쓰면 이루어진다."고 합니다. 우리는 우리의 꿈을, 진리의 지식을 그리고 함께 노력한 사람들에 대해 기록함으로써, 우리가 지향하는 미래발전적인 홍익이념인 "사람을 널리 이롭게 하라"를 우리 홍익인간 1세대가 시작하고 우리후손들이 행복하게 완성할 수 있을 것입니다.

기록은 인류 생존에 있어서 생명수와도 같습니다.

'우리로부터 시작되는 새 패러다임인 정법에 관한 모든 것들을 기록한다.'라는 것은 엄청난 행운이며 즐거운 일로써 복중에 복이며 별과 같은 명예입니다. 우리의 위대한 대업인 인류평화 프로젝트 완성을 위해 새 패러다임인 정법을 기록함으로써, 우리인류에게 바른 정신으로서 아름답고 소중한 문화유산으로 남기는데 참여를 한다면, 우리는 시대에 맞게 제 할 일을 다 한 존경스런 조상으로 인류사에 기록될 것이라고 생각합니다.

그러므로 사랑하는 인류를 위해 당신의 위대한 삶의 이야기를 기록으로 남기기를 바랍니다. 당신은 새로운 패러다임인 정법과 더불어 위대한 인류의 역사에서 빛나는 별이 되어 영원히 지워지지 않을 것입니다.

상대를 존중하라

> 상대를 존중하라. 내가 겸손해진다.
> 내 것을 고집을 안 하고 상대한테 의논을 잘 해본다.
> 내가 상대한테 겸손하면 상대는 나를 절대 치지 않는다.
> 이게 대자연의 법칙이다. (유튜브 정법강의 1236강 중)

어떤 사안을 가지고 상대와 의논을 한다라는 것은 상대를 존중하고 있을 때 가능합니다. 그렇지를 않고 의논을 한답시고 내 주장만 강요하듯 내세운다면 의논이고 뭐고 일은 다 틀어지고 말 것입니다. 상대의 근기를 인정하고 생각을 존중하면 그것이 곧 겸손한 것이라고 합니다.

그렇지 않고 만약 내가 상대를 존중하는 태도가 아니면 상대도 나를 존중하지 않게 될 것입니다. 주는 대로 받는 것이 당연한 것처럼, 자신이 매를 받았는데 미소를 보내줄 리는 만무하기 때문입니다.

그러므로 상대를 존중하지 않으면 결국은 내가 어려워지고 맙니다. 더 이상 발전이 없다고 보면 됩니다.

상대를 존중하라 라는 것은 상대를 인정하는 것이다.

상대를 존중할 때 나는 스스로 겸손함이라.

내가 공부를 바르게 하고 나면 지극히 겸손해진다.

(유튜브 정법강의 2477강 중)

상대의 것이 어떻든 있는 그대로를 받아들이는 것이 상대를 인정하는 것이고, 내가 섣부르게 나의 식을 갖다 대어 호불호로써 상대를 판단하지 않는 것이 상대를 존중하는 것이라고 합니다.

상대를 존중하면 겸손한 것이므로 이를 일컬어 인성을 갖췄다 할 것입니다.

내가 상대에게 아주 지극히 겸손할수록 상대는 나를 존중하고 겸손하게 대할 것은 자명합니다. 이렇게 하기 위해서는 바른 분별을 할 수 있는 진리의 지식으로 공부를 해야 합니다.

나부터 공부를 해서 나를 바르게 갖춤으로써 바른 분별력을 가져야 상대를 바르게 대할 수가 있게 되고 더불어 상대를 위하는 것이 됩니다.

지금의 상식의 모순을 바로잡기 위해서는 반드시 진리의 법만이 답이라는 사실을 알고 진리의 지식을 찾아 공부를 하는 방법밖에 없습니다.

상대를 존중하라.

내가 잘 났으면 상대도 존중해야 된다.

상대를 존중할 때 일이 이뤄진다.

낮은 것을 함부로 대한 사람은 위의 일도 안 된다.

(유튜브 정법강의 3113강 중)

내가 상대를 존중하면 상대도 나를 존중하므로 의논이 잘 되어 소통이 되고 상대의 힘도 함께 할 수 있으므로 하고자 하는 일을 무리 없이 이룰 수가 있게 된다고 합니다.

자신은 배운 것이 많아 스스로 똑똑하다고 생각하는 사람은 대개 주장이 강하고 오만과 편견에 빠져 결국 자신의 일을 그르치기 쉽습니다.

상대를 함부로 대하는 사람은 자기 발전을 포기한 것이나 다름없는 것이며, 자신의 모든 일은 상대가 있어서 이룰 수 있는 것을 알고 감사하게 여겨야 모든 일들도 술술 풀리게 되는 것입니다.

그러므로 일의 완성은 나를 갖추어 상대를 바르게 존중할 때만 가능하다는 것을 명심해야 합니다.

첫째도 둘째도 나를 먼저 갖추어야 하고자 하는 세상만사를 도모할 수 있게 될 것입니다.

바르게 하는 일은 공 든 탑이 되어 무너지는 법이 없을 것입니다.

사람관계는 더더욱 그렇습니다.

환경을 공부하라

환경이 이끄는 대로 공부해야 되는 게 아니고, 환경이 이끌면, 그렇게 공부할 수밖에 없다.

생활이 그대를 속일 지라도이다.

환경이라는 것은 나를 이끄는 힘이다.

내가 만일에, 내가 아주 어려운 환경에서 성장을 하는데 처음부터 멘토가 있어서 바르게 가르쳐주면서 성장을 했더라면, 어려운 데에서도 내 심성을 곱게 해가지고 삐뚤어지지 않게 가면 절대 어렵게 자라지 않는다.

어려운 환경에서도… 그런데 여기서 내가 모자라는 게, 조금씩 뭔가가, 성격 이거 뭐 이런 것들이, 잣대를 많이 대고 내가 짜증을 내고 이러면 그 만큼씩 어려운 환경으로 계속 몰고 가는 것이다.

그래서 나는 계속 어려운 환경 속에서 나는 뭔가를 얻게 되고, 이렇게 되는 것이다.

자연은 0.1미리도 틀리게 운용하지 않는다.

왜 우리는 지금 이렇게 악화가 되냐? 이런 걸 풀어야 되는 것이다. 우리가 한 번 짜증을 내면 이게 좀 더 악화가 된다.

네가 살아가는 환경 조건이 조금 더 악화를 시킨다.

그러니까 두 번 짜증을 내면 좀 더 악화가 되고, 그런데도 나중에 짜증을 심하게 내고 살다보니까 꽉 묶여가지고 이걸 풀어나가지도 못하는, 네가 목을 조르는 것이다.

우리한테 주어진 환경이 주어지는 거, 이것을 우리는 항상 감사해야 한다.

아주 질이 낮은 환경을 주었어도 지금 것을 감사해야지, 여기에 것을 불평을 하고 가면, 조금 있으면 질이 더 안 좋게 내 한테 다가오는 것도 알아야 한다.

감사한다라는 것도 어떻게 생각하느냐에 따라 감사해지고, 또한 어떻게 생각하느냐에 따라 감사해지고, 또한 어떻게 생각하느냐에 따라 불만이 나오게 되는 것이다.

나한테 지금 이 조건을 주는 것은 지금 내가 그런 조건을 만들어서 온 것이기 때문에, 이 자체를 아직까지 이렇게 주는 것을 감사히 여기고, 이것을 감사히 여기고 내가 접근하게 되면 여기서부터 다음 일이 풀린다.

앞으로는 소통시대다.

얼마나 소통을 시켜내느냐, 소통을 해서 융합을 시켜내느냐, 이런 것들이 우리한테 이로움을 주는 것이지, 나한테 물질을 준다고 이로움을 주는 것이 아니다. 이를 알아야 한다. (유튜브 정법강의 3193강 중)

자신이 어떤 환경에 있든지 간에 중요한 것은, 어쨌든 죽지 않고 현재 살아 있다는 것입니다. 선택에 의한 결과로서 마이너스 이거나 플러스 이거나…… 자신이 처한 환경은 자신이 뿌리고 거둔 결과이면서 또 다른 과정 속에 있음을 알아야 합니다. 이 말은 지금의 환경이 다가 아님을 알아야 한다는 것입니다.

좋든 싫든 불운? 한 실패의 결과를 넘어 다시 희망의 역사를 시작할 수 있는 또 다른 선택의 시점이라는 것입니다.

누구는 시련을 딛고 제2의 도약기를 구가하는가 하면, 대다수의 사람들은 그렇지를 못하고 비관론자가 되어 탁하게 그저 그렇게 마지못해 살아가곤 합니다. 그야말로 죽지 못해 사는 경우가 허다한 것이죠.

많은 사람들이 의미 없는 삶이 지속되고 있음에도 희망을 찾아 벗어나려는 노력을 하지 않는 데서 이 사회의 어려움도 더불어 많아지고 있는 상황입니다.

그럼에도 정신 차리지 않고 계속해서 자신의 잘못은 보지 못한 채 남 탓과 불평불만을 일삼는다면, 저주라고 생각되어지는 그 같은 어려운 환경 속에서 빠져나오기란 여간 어려운 일이 아닐 것입니다. 한마디로 인생 그렇게 종치고 말게 될 것입니다.

이는 마치, 올무에 걸린 짐승과 같이 자신이 처한 삶의 환경 속에서 온갖 몸부림만 치다 스스로 제 풀에 꺾여 숨을 거두는 꼴과 결코 다르지 않습니다.

누구나 어려울수록 냉철해야 합니다. 패자의 첫 번째 덕목입니다.

좀 늦고 어렵겠지만 진짜 자존심을 찾아야 할 때입니다. 짐승처럼 울부짖다가 비참하고도 허망하게 갈 것인가? 아니면 자신의 실패를 딛고 성공하여 사람답게 빛나는 삶을 살다가 즐겁게 갈 것인가? 선택은 자유지만 책임은 무한합니다.

의식 있는 사람이라면 당연히 후자를 택할 것입니다.

자신의 환경이 어떠하든 살아 있음에 일단은 감사하고, 새로이 한 땀 한 땀 노력하다 보면 자신도 모르게 환경이 좋아지고 있음을 알게 될 날도 그리 머지않을 것이라고 합니다.

환경이 좋고 나쁘고를 떠나 남 탓 하고 불평불만 한다는 것은 자기 자신의 모자람을 모른 채 상대를 존중하지 않기 때문에 일어난 것이고 그로인해 자신이 지금의 어려움에 빠지게 되었던 것이므로, 정신을 차리고 제일 먼저 할 일이, 자신을 바로 알고 주변의 사람들을 가까이 하며 존중하고 겸손하게 대할 때, 비로소 당신의 삶에 활력을 불어넣게 되며 삶을 나아지게 하고 빛나게 할 수 있을 것입니다.

사람은 사람과 함께 성장하고 발전해야 한다는 생각입니다.

사람다운 삶은, 처음도 사람이요 끝도 사람이어야 합니다. 주위 인연들과 의논하고 대화를 바르게 하면 소통이 일어나 삶의 길도 차츰 열리게 될 것입니다.

'하늘은 스스로 돕는 사람을 돕는다'고 합니다. 그러므로 자신의 삶을 어려운 환경에서 반전시키기 위해서는 스스로를 도울 수 있는 힘을 갖추기 위해 노력을 해야 합니다..

더 이상 절망이 아닌 이제부터는 희망이라는 삶의 명분을 찾아 새로운 인생의 로드맵을 설계해야 하며, 자신의 처지에 대해 비겁하게 변명하지 말고 당당하게 정면으로 대해야 바른 답을 찾을 수가 있게 됩니다.

누구나 자신이 처한 환경이 맘에 들지 않는다면, 왜 이렇게까지 잘못 되었는지에 대해 처절하리만치 살펴서 공부를 함으로써 벗어날 수 있음을 명심해야 합니다. 그리고 다시 강조하지만 불평불만과 남 탓은 절대 금물 중에 금물이라고 합니다. 공부합시다.

뭐든지 다 들어 놔라

이해가 안 되는 것들을 잘 들어 놔야 그 앞에 것이 더 이해가 잘된다. 그래서 우리는 지식이 갖추어지고, 너의 실력이 갖추어지고 이래서 큰일을 할 수 있어 지고 어떤 것도 분별을 해낼 줄 알고 이렇게 우리는 지식을 갖추는 것이다. 너희들한테 온 인연을 하나도 버릴 것이 없느니라. 그것이 선물이고 축복이었던 것이다. (유튜브 정법강의 1068강 중)

혹여 당장은 모를지라도 듣고 또 들어서 내 안에 받아놓고 하다 보면 물리가 일어나서 이해가 되므로 일단 흡수하려는 노력이 있어야 한다고 합니다.

갖추어지지 않은 나름의 지식으로 이것저것 뺄 거 다 빼면서 분별하다 보면 결국 얻은 게 없어서 지식과 실력이 없게 되므로 그래서 자신의 삶이 어려워진다고 생각하면 됩니다.

하나의 빗방울로는 내를 이룰 수 없고 수많은 빗방울들이 모여서 강을 이루고 끝내 바다를 이루어 세상을 이롭게 하는 진리를 잊지 말았으면 좋겠습니다.

한 그루의 나무, 풀 한 포기할 것 없이 많이 모여야 숲이 되어 생명들을 이롭게 합니다.

지식도 이와 같습니다. 뭐든지 흡수해서 모아놔야 바다가 되어 자신의 삶을 윤택하게 할 수 있다고 생각합니다.

그렇지 않고 상식의 잣대만으로 판단하다 보면 귀한 옥을 얻고도 티를 보게 되어 옥을 잃는 우를 범하게 됨을 알아야 합니다. 지식의 티끌이라도 소중히 생각해야겠습니다. 세상에 쓸모없는 것은 없다고 합니다.

진리는 상대를 있는 그대로 인정하는 것이라는 생각입니다.

갖추어라

내 것을 아무리 잘 갖추어도 상대를 모르면 상대한테 필요하게 쓰지 못한다.

우리나라의 힘을 아무리 갖추어 놓고 국제적으로 나아가려고, 그래도 국제사회를 모르면 이 힘을 거기에다 적용해서 쓸 수가 없다.

(유튜브 정법강의 996강 중)

나의 소질 계발은 인성까지 바르게 갖춘 것이 아닙니다.

나의 소질 계발 70%를 하고 나면 사람들을 만나게 되고 이것은 나를 공부시키기 위한 것이므로 타인의 70%중 30%를 잘 받아들임으로써 나의 모자란 부분을 겸손하게 공부를 하게 되니 마침내 나를 갖추어 사람들을 도울 수 있게 된다고 합니다.

유행가처럼 "내가 너를 모르는데 넌들 나를 알겠느냐."가 다라면 더 이상 관계 발전은 할 수가 없는 것입니다. 그냥 서로 모르니까 소위 피장파장입니다.

상대를 알려거든 그 상대가 말하는 것을 모두 다 들었을 때야 비로소 가능하다고 합니다. 그런데도 우리는 항상 상대를 다 아는 것처럼 속단과 예단을 해대는 것이 사실입니다. 왜일까요? 그것은 고착된 내 상식의 잣대를 섣부르게 갖다 대기 때문일 겁니다. 그래서 대화는 끊기고 기분만 상해서 멀어지는 인간관계가 비일비재한 오늘 날의 안타까운 현상입니다. 이렇게 나는 다 안다. 그러니까 내말 들어라 는 식은 이제 통하지 않는 세상이 된지 오래임을 알아야 합니다. 상대를 알지 못하면 그야말로 인간관계는 대 실패로 끝나는 것이며, 즉, 상대를 모르고는 그에 맞는 약 처방을 내리지 못하는 것은 당연하겠지요. 그럼으로 나를 갖추지 않으면 한 땀도 상대를 위할 수가 없는 것입니다.

수행하고 공부하라고 하는 것은 네가 뭘 하다 실패를 하고 어려워졌기 때문이며, 어려운 자는 왜 어려워졌는지를 공부해야 한다.

내 겸손함을 먼저 갖추어라.

사람은 중요하게 생각하고 무시하면 안 된다.

상대를 바르게 대하지 못하면 실패하고 어려워지게 된다.

똑똑하지 말고 공부하라.

낮추라는 의미도 공부하는 사람이 되라는 것이다.

공부는 뭐든지 보고 흡수하는 것이다.

어떤 것을 옳니 그르니 하는 것은 공부하는 것이 아니다.

(유튜브 정법강의 3113강 중)

내가 어려워졌다면 먼저 그 공부를 해서 모자라는 것을 갖추기 위해 노력부터 하는 게 상책이라 봅니다.

그것이 겸손함을 갖추는 첫 번째 덕목이 될 것입니다.

그러므로 내가 어려워지지 않기 위해서는 먼저 공부를 해서 갖춘 것에 대해 겸손함으로 표현을 하고 상대가 어떻든지 간에 인정하고 존중하면 겸손한 것이라고 한답니다.

상대에 대한 공부는 대화나 의논을 바르게 했을 때 내 겸손함도 갖출 수 있는 것이겠지요.

그러니 나의 잣대로 함부로 말하거나 행동한다면 대부분이 실패로 마감할 것이라는 생각을 항상 염두에 두고 새겨야 할 것입니다.

공부하기 가장 좋은 방법은, 바르게 하는 방법은 어떻게 하면 되느냐?

첫째도 겸손이고 둘째도 겸손이고 셋째도 겸손이다.

머리 바짝 들지 말고 달라 들라 하지 말고 따지려하지 말고 겸손하면 스스로 공부된다. 사람한테 겸손하라.

겸손은 비굴한 게 아니다.

상대방한테 겸손할 때 나는 득을 본다. (유튜브 정법강의 1065강 중)

공부는 나의 소질이 아닌 것을 노력하는 것이 공부다.

모르는 분야를 조금이라도 내가 노력하는 것이다.

부부가 왜 말이 안 통하냐?

상대 거를 서로가 공부를 안 했기 때문에… 내가 이야기하니까 저 사람이 당최 이해가 안 된다.

저 사람이 내 거를 노력을 안 했으니까 나한테 이해되게 설명할 수가 없는 것이다.

이래서 전부 다 그 틈이 뭔지를 모르기 때문에 교류를 못하게 되어 여기서부터 집안이 힘들어지는 것이다. (유튜브 정법강의 1067강 중)

나의 소질을 기본으로 하고 나서 나와 상대되는 사람들의 것을 조금씩이라도 알려고 노력해야 하며 나의 잣대만을 상대에게 고집스럽게 주장하지 말아야 한다고 합니다.

내 생각만 고집하면 충돌이 일어나고 서로 간에 사이가 나빠져서 소원해지기 일쑤일 겁니다. 상대의 말을 잘 듣기만 해도 상대는 나를 좋게 생각하고 호감을 느끼게 되겠지요. 내가 상대의 말을 잘 듣는 것도 노력이고 인성을 갖춘 것으로써 인정을 받아 어떠한 일들이 나의 목적에 맞게 이뤄질 것이라고 봅니다. 이렇게 상대에 대한 이해와 노력 없이 자신을 갖추지 않는 한 세상 되는 일이 절대로 없을 것이라고 봅니다. 가까운 부부지간도 마찬가지일겁니다. 상대를 잘 안다고 오버하거나 이해 못하는 상대를 탓하기 보다는 이해를 못시키는 자신의 모자람을 살펴야 바른 답을 찾아 상대를 다시 이해시킬 수가 있다고 생각을 합니다.

대화와 의논하는 갖춤을 했을 때 비로소 소통이 되고 가정은 화목할 것입니다. 대화가 없는 집안은 기운이 돌지 않아 활력을 잃고 어려워지게 된다고 합니다. 가정이라는 배가 침몰하지 않도록 자기 갖춤을 위해 부단히 노력하는 사람이 현명하다 할 것입니다.

요즘 내가 많은 반성을 갖는 것도 이 부분입니다.

수신 후 제가 없이 어찌 세상으로 나아갈 수 있겠는가?를 가슴에 새기게 됩니다.

의논하라

잘못하지 않는데 의논이 안 된다? 그런 법칙은 없습니다.

바르게 하는데 의논이 안 된다? 절대 없습니다.

의논을 하는 자리에 앉는 것은 의논하고 싶은 사람들을 찾아서 앉는 겁니다.

의논이라 하는 게 뭐냐 하면 오늘 주제가 이런 건데 이런 것에 뜻이 있는 사람들이 우리가 같이 풀어보자 해서 이 사람들이 모인 거예요.

두 사람은 의논하는 게 아니고 나누는 것이다.

세 사람이 해야 의논이 된다. (유튜브 정법강의 7721강 중)

우리는 어려서나 성인이 된 지금이나 의논이 뭔지 대화가 무엇인지를 바르게 배우지를 못하고 있는 것 같습니다. 의논은 서로의 생각을 듣고 합당한 결론을 돌출하는 것인데 그렇지를 못하고 자기의 주장과 관철을 고집한 일련의 과정들로 인해 발전적인 의논이 되지 않는 사례가 비일비재 합니다.

의논의 씨를 뿌려 발전 된 의논을 얻고자 하는 것이 의논의 본질인데, 의논의 씨는 자라는 과정에서 잘못되어 씨는 사라지고 잡초만 무성하게 자라게 하는 꼴로 마무리되기 십상입니다. 이는 교육의 부재에서 오는 무질서의 표상으로 남고 마는 것이죠.

어떤 일에 대해 의논을 하기로 했다면 더 좋은 의견을 모으기 위해 참석자들의 의견을 계속해서 들어야 하는 것이며, 이미 답을 정해 놓고 그렇게 되게끔 몰아가는 것은 답도 아니며 바른 방법이 아닐 것입니다.

사전에 정한 주제를 알려주고 이에 뜻이 있는 사람들로 하여금 모여서 듣는 것이 각자의 의견이고 이를 서로가 나누며 소통하는 것이 바른 의논이라 할 수 있을 것입니다.

다수의 다양한 의견은 질량을 높이게 되어 더 좋고 더 나은 답을 구할 수 있게 됨으로써 의논의 바른 가치를 구할 수 있는 것이 될 것입니다.

모임이라는 것은 의논하려고 모여야 된다.
의논하고 주장은 다른 것이다.
앞으론 주장하기 위해서 모이지 마라.
그것은 무조건 깨진다.
의논하면 발전하고, 주장하면 깨진다. 답이다.
의논은 연구이고 주장은 깨는 것이다.
주장 때문에 충돌이 일어나는 것이다.
의논하는 것은 존중하는 것이다. (유튜브 정법강의 6956강 중)

동창이나 계모임에 나가보면 가끔 어떤 주제를 가지고 의견을 나누는 경우가 있는데, 이때 의논을 내놓거나 구하려는 자세를 보면 거의 의논보다는 자기의 주장을 계속하는 경우를 보곤 합니다. 심지어 자기주장이 받아들여지지 않으면 목소리가 커지고 화를 내는 모습이 나타나 일동을 어리둥절하게 만드는 경우를 경험하곤 합니다. 어떤 주제에 대해 의논을 하려면 상대들이 내놓는 의견들을 하나하나 잘 들어보는 협조가 요구되는데 자신의 의사에 반한다고 해서 상대를 공격하거나 반대의 뜻을 섣부르게 표명해서는 의논이 계속 진행되기가 어렵게 됨은 물론 좋은 의견조차도 꺼내놓기 어렵게 만드는 행위일 것입니다.

그러므로 의논을 할 때는 누구든 자기주장을 고집하거나 힘으로 밀어붙이는 식의 진행방법은 마땅히 삼가야 하는 것입니다.

주변의 크고 작은 모임들이 깨지는 경우는 대개가 사람이 싫어서가 태반입니다. 자기 고집을 부리며 잘난 척 하는 사람이 구성원으로 있는 한 그 모임은 파국을 면치 못한다고 보는 게 타당할 것입니다.

의논하는 상대들을 존중하지 않고서는 좋은 의견을 돌출해낼 수가 없고 그나마 유지되던 모임과 인간관계는 악화되어 더 이상의 발전적인 모임이나 관계의 발전은 이루기가 매우 어려워질 것입니다.

우리가 누구하고 어떤 관계냐, 주장하고 의논이 있는데
관계에 따라 의논을 해야 되고 이에 대해 키를 잘 잡아야 된다.

의논은 항상 의견을 제시해야 되는 것이다.

의논을 한다라는 것은 의견을 내놓을 뿐이지 이것이 내가 답이라고 주장을 하면 안 된다.

이렇게 되면 내가 답이라고 주장을 하면서 내놓으면 저쪽은 네 말은 하지

마라가 되는 것이다. (유튜브 정법강의 5289강 중)

어떤 사항에 대해 내가 생각하는 이것은 어떻습니까? 라고 내놓는 것은 협의를 생각해서 내놓는 의견이라 할 수 있고 이에 대해 상대방들의 여러 생각들을 듣는 과정을 의논이라 할 수 있을 겁니다. 이럴 경우 사안의 성격에 따라 지시를 할 것인지 아니면 여러 사람의 생각을 물어볼 것인지를 선별하여 의논이나 주장을 해야 한다고 합니다.

모든 것을 흡수하라

지금은 어떤 때냐 하면, 불경도 먹고, 도경도 먹고, 감로주도 먹고, 저쪽에 것들을 다 먹어 버렸다. 뭐든지 다 먹고 저쪽 성경도 먹고 다 먹고 나서, 그다음에 정법으로 해서 생활도를 가르치니까, 성경 거 갖다 대버리고, 자꾸 싸우려고 한다. 싸우지 마라. 그럴 바에는 안 접하는 게 맞다.뭐 하려고 싸우냐. 너무 지식의 질량이 충만하다 보니까, 이것을

상식으로 묶어가지고, 이젠 안 지려고 달려든다. 그러면은 다른 것을 접하지 마라. 그러나 다른 것도 필요해서 접하고 있다면, 이 때는 내 상식을 놔야 된다. 일단은 접해가지고 정리를 좀 어느 정도, 질이 좀 들어오고 나서, 내 상식을 갖다 대고, 한 번쯤 만져보고, 또 어느 정도 흡수하고 나서, 그 다음 한 번쯤 만져봐야지, 계속, 하나 듣고 뭐 이렇게 하고, 하나 듣고 또 어떻게 하고, 이것은 안 맞다. 이런 것이다.

그러니까 분별심은, 내지 마라고 한다고 내지 않게 되는 것이 아니니까, 너무 이래 똑똑한 것을 가지고, 내가 가지고 있는 알음알이 가지고, 어디 첫 들어올 때부터 싸우지 마라. (유튜브 정법강의 8491강 중)

누구나 상식의 지식이 충만한 지금은 자기에게 확립된 지식으로 모든 것들에 대해 자기 식의 잣대를 들이대서 따지려 듭니다.

그러다보니 새로운 패러다임으로 대자연의 법칙인 정법조차도 자기의 알음알이 상식으로 재단하며 싸우려고 합니다. 상식의 지식으로 아주 똑똑해진 사람이 이 정법을 접하고도 도외시 하는 것은 이미 굳어진 식에 의해 성급하게 결론을 내리고 말기 때문입니다.

새것을 채우려면 그릇을 비워야 하듯, 새로운 패러다임을 만나 이를 수용하려면, 먼저 내 속에 꽉 찬 상식을 내려놓아야 새로운 진리의 지식을 흡수할 수 있는 것이지요.

그럼으로써 이 정법도 일단 흡수하게 되면 상식의 구멍들이 차츰 진리의 지식으로 채워지게 되어 스스로 상식만으론 부족하다는 것을 알게 될 것입니다. 공부를 해보니 '정법'을 바르게 알고 나면 상식은 저절로 깨진다는 것입니다.

'바르게 사는 법-정법'을 만나고도 자기만의 잘난 상식의 지식을 가지고 새로운 것에 대해 때마다 이게 옳니, 그르니 하는 것은 시간 낭비이며, 그럴 바엔 차라리 접하지 않는 것이 좋겠다는 생각입니다.

물론 모르니까 다 그런 소릴 하는 것으로 이해는 하지만 안타까운 맘은 어쩔 수가 없는 것 또한 사실입니다.

그럼으로 살면서 뭔가가 부족하고 답답하여 또 다른 뭔가가 필요하다고 생각이 들면, 믿고 따랐던 지금까지의 상식은 좀 한 옆으로 젖혀놓고 일단은 정법을 어느 정도 듣고 흡수해 보면, 그러면 상식이 뭔지 정법이 뭔지를 알게 될 것이고 그 다음부터는 자신의 삶에 대해 어떻게 분별을 해야 되는 지 알 수 있게 될 것입니다.

일반적인 분별은 상식에 기인한 것으로 모순에서 벗어날 수가 없습니다.

바르게 사는 법인 '정법'을 공부하지 않고서는 바른 분별을 할 수 없으므로 명쾌한 답을 얻을 수가 없는 것이며, 한 마디로 상식은 술에 묶여서 그야말로 뛰어봐야 손오공이고, 정법은 유한의 술을 풀어 걸림이 없이 자유롭게 하는, 고로 정법은 자유다! 라는 것을 깨닫게 될 것입니다.

주위에서 누군가 나한테 '정법'듣기를 권유받았다면, 큰 은혜가 온 줄 알고 받아들이기를 적게는 30강에서 100강의 정도를 들을 때까지 좋다, 나쁘다를 결정하지 말고 전해준 인연의 성의를 봐서라도 일단 한번 들어보고 나서 결정하기를 간곡히 바랍니다.

밤하늘의 아름다운 은하는 수 조개의 별들로 이루어져 있습니다. 당신의 운명이 바르고 좋게 바뀔 수 있는 아주 중요한 변곡점이라 생각해 주십시오.

때가 되면 알게 될 겁니다. 인연과 정법이 얼마나 귀중한 가를. 그리고 '바르게 사는 법- 정법'을 만나서 자신의 모자람을 갖추고 바른 삶을 펼침으로써 자신의 삶을 별의 시간으로 만들기를 진심으로 바랍니다.

너 자신을 알라

내가 무엇을 가르쳐 주냐면, 우리 민족을 가르쳐 주고 있다.

민족! 대한민국 사람이 누구라고 가르쳐 주는 것이다.

지금 현재, 대한민국 사람이 누구라고 가르쳐 주는 것이다.

지금 대한민국 사람이 누구냐면? 너희들은 홍익인간이라고 가르쳐 주는 것이다. 그러면 나를 찾는다고 드는데, 대한민국에서 누구든지 찾으려고 든다.

그런데 이게 똑같은 것이, 우리는 홍익인간이다, 이 한마디 밖에 할 게 없다. 그러면 홍익인간이 뭐냐? 이제 이것을 공부해야 된다. 만일에 이것이 받아들여진다면, 그러면 홍익인간이 뭐냐? 이렇게 되는 것이다.

홍익인간은, 우리가 인간이 태어나서 인간으로 환생을 해가지고 진화를 해서 마지막에 완성할 때 홍익인간으로 태어나는 것이다. 마지막으로 환생한다. 요때 홍익인간으로 태어나기 때문에, 이 홍익인간들은 이때까지 진화하고 성장을 해가지고 무엇을 해야 되는 거냐? 이것을 깨달아야 하는 것이다.

내가 무엇을 해야 되는 거냐? 이를 가지고 길을 찾는다.

이것이 인생관이다. 이렇게 되는 것이다.

그러면 인생관인데, 이것을 다른 말로 해가지고 도의 길이다.

그러니까 지금 도인이 되기 위해서 마지막 일생으로 태어난 것이 홍익인간이다. (유튜브 정법강의 8886강 중)

지금 현재 대한민국에 태어나 살고 있는 (베이비부머 세대/1952년 '용띠' 생 이하 기준) 너희는 홍익인간이다!

홍익인간의 근본은 사람을 널리 이롭게 하는 삶을 펼치는 것이며, 사람을 이롭게 한다는 것은 단순히 누구나 접하여 알고 있는 상식의 지식을 나누는 것이 아니라, '바르게 사는 법인 정법'을 말합니다. 이를 일컬어 '진리의 지식'이라 말합니다.

고로 홍익인간은 세상을 이롭게 하기 위해 새로운 패러다임인 정법을 나누어서 바른 분별을 일으킬 때 비로소 사람을 진정으로 도울 수 있게 된다고 합니다. 바르게 사는 법을 모르면 참지식인이 될 수 없음을 알아야 합니다. 참지식인이 되지 않고서는 결코 사람을 널리 이롭게 할 수가 없음을 명심해야 합니다.

그러므로 우리는 홍익인간이며, 홍익인간은 사람을 널리 이롭게 하는 삶을 살아야 비로소 사람다운 사람인 홍익인간 완성이라 할 수 있을 것입니다. 우리가 공부하는 정법은 세상을 바르게 사는 법으로 '진리의 지식'의 보고입니다. 그러므로 미래는 자신의 상식에다 진리의 지식을 갖춘 자만이 이웃과 사회와 나라와 인류를 위해 살 수가 있을 겁니다. 홍익이념인 "세상을 널리 이롭게 하라." 는 홍익인간들의 더없는 사명이기도 합니다. 이 땅에서의 마지막 일생이기에 사는 내내 가슴에 새기고 살아야겠습니다. 알고 보니 우리 자신은 분명 홍익인간입니다.

참나는 찾을 필요가 없는 것이다

답부터 이야기 해 놓겠다. 참나는 찾을 필요가 없는 게 답이다.

참나는 왜 찾는가? 너의 참나는 너에게 스스로 있다.

참나는 너의 원소 에너지이다.

원소에너지로서 사주를 어떤 식으로 가지고 이 땅에 왔느냐,

이 땅에서 무엇을 해야 되는데, 이것을 찾는 것이 참나다.

참나는, 네가 참나를 찾으려고 하지 말고, 현실에 주어진 것을 전부다 이것을 감사히 여기고, 여기서 뭔가를 잘 풀어가고 있으면, 이것이 어느 정도 70프로에 가게 되면, 이때 정확하게 내가 참나를 찾아지게 되어 있다.

만약 내가 못 찾으면 그 어떤 귀인이 와서 탁, 또 따주어서, 이때 열리게 되어 참나를 알게 된다. 이런 것이다.

그런데 네 앞에 온 인연들한테도 바르게 대하지 않고, 네가 해야 될 소임도 바르게 못 하고, 이러고 누적시켜 놓게 되면, 네가 참나를 찾는다고 찾아질 거냐?

이런 법칙은 없다. 너한테 주어진 70프로를 열심히 행하고,열심히 그것을

노력하면서 살았을 때, 그때 참나를 찾을 수 있는 것이다.

(유튜브 정법강의 2632강 중)

'참나'는 우리 자신 스스로에게 있는 것임을 알면 되는 것이고, 참나는 자신의 삶과 노력에 의해 찾을 수 있다고 합니다. 참나가 가지고 온 사주에 자신의 삶을 살면서 노력하는 과정이 더해져 질량 70프로에 도달하면 참나는 스스로 찾아지게 되어 있다는 것이 스승님의 말씀입니다.

그러나 누구를 막론하고 이태 바르지 않은 삶을 살다보니 많이 탁해져서 '참나'를 찾을 수 없는 것이라고 생각이 듭니다. 이는 마치 길을 가다 오리무중에 갇혀 사방팔방을 구분하지 못하는 처지와 같은 것일 겁니다. 이를 알지 못하기에 대다수의 사람들은 참나를 찾느라고 소중한 시간을 허비하며 살아가고 있는 거겠지요.

이러한 때 스승님이 나오셔서 대자연법칙인 원리교육을 통해 우리들의 모순과 잘잘못을 바르게 바로잡을 수 있는 실력을 갖추게 하여 '참나'의 삶을 찾음으로써 홍익인간의 삶을 살 수 있게 인성교육을 가르쳐 주시는 것입니다.

물론 이것은 너나 할 것 없이 각자의 자유의지에 따른 자신의 선택지 입니다. 진정한 참나는 이웃과 사회와 나라와 인류를 이롭게 하기 위해 자신의 삶을 꾸준하게 발전시켜 확장시키는 삶에서 찾아지게 되어 있음을 알게 되었습니다. 상대를 이롭게 할 수 있는 갖춤이 없는 사람이, 물론 찾을 수도 없겠지만 그 좋은 '참나'를 찾은들 무슨 소용이 있겠습니까? 아서라, 말어라 괜히 소중한 시간 낭비하지 말고 자신의 바른 갖춤이 먼저임을 알았으면 합니다. 고로 자신의 삶조차도 제대로 갖추지 않고서는 '참나'에 대한 답이 없다는 말씀입니다.

상대를 아끼고 사랑하라

진정 우리가 당신을 사랑하는가?

진정 우리부부가 지금 사랑하고 있는가?

서로가 존중이 있을 때 사랑이 돼도, 존경까지는 아니라도,

작은 사랑이라도 하려면 서로 존중할 때 일어난다.

우리가 존중을 하려면 서로한테 필요하게 살아야 한다.

이렇게 해야 서로가 사랑이라는 것을 조금씩이라도 맛볼 수 있는 그런 환경이 된다.

후천시대는 서로가 상생하지 않으면 전부 다 갈라지는 시대다.

뭐든지 에너지가 모일 때가 있고, 분해될 때가 있다.

지금 우리나라가 겪고 있는 것이 분해시대를 겪고 있는 것이다.

뭐든지 분해한다. 이것이 분해가 돼서 자기 갈 곳으로 전부 다 간다.

그러면 인연들도 우리가 만난 것이기는 하나 이를 바르게 운용하지 않으면 전부 다 분해되어서 또 다른 인연으로 만나러 갈 수 있는 이런 환경이 지금 벌

어지고 있는 것이다.

작게는 집안도 마찬가지다.

집안도 전부 다 우리가 인연으로 만나서 가족을 이뤘지만,

여기에서 우리가 잘못 운용을 하고 있다면 전부 다 깨진다는 것이다.

이런 시대가 벌어지고 있는 것이다. (유튜브 정법강의 2285강 중)

서로가 상대를 아끼고 사랑하려면 서로를 존중할 때 일어난다고 합니다. 존중은 상대를 있는 대로 인정하는 것이고, 이럴 때 상대를 바르게 대하는 것이 되며, 우리는 상대에게 필요하게 살면 존중을 받게 되고, 나나 상대나 마찬가지로 서로를 필요하지 않다고 느끼게 되면 그야말로 각자도생의 길을 찾게 되어 결국은 헤어지게 되는 것입니다.

후천시대(2013년도부터)는 바르게 운용되지 않는 모든 것들은 분해되고 헤어지게 된다고 합니다. 서로 뜻이 같지 않으면, 마치 중간에 이물질이 끼어있는 것과 같기 때문에 떨어지게 되는 것과 같습니다.

과연 나는 지금 상대에게 필요한 존재인가를 냉철하게 생각을 해서 상황에 맞는 결론을 내서 바로잡아야 즐겁고 기쁘고 행복하게 사랑하며 살 수가 있게 될 것 같습니다. 어떤 성질의 인연과의 다툼도 결국 상대를 이해하지 못하거나 상대를 이해시키지 못해 일어나는 현상임을 깨닫고 나를 돌아보는 시간과, 내 모자람을 찾아 갖추는 자세가 필요한 것입니다. 하늘에서 준 소중한 인연들을 나의 모자람을 모른 채 나의 생각만 주장한다면, 그것은 분명 더 이상 좋은 관계를 유지하지 못하고 결국엔 서로 상처만 안고 분리의 수순을 밟게 됨을 우리 모두는 명심해야 할 것입니다.

언제 사랑이 출현하느냐 하면, 내가 진정 너를 위해서 살았을 때, 그때 네

가 나를 사랑하게 된다.

사랑을 하면 어떻게 되느냐? 존경을 한다.

고로 존경 없는 사랑은 없다.

사랑은 존경할 때 생산된다.

우리는 아직까지 존경할 만한 사람을 만나지도 못했고, 그럴 행위들을 시작을 아직 하지도 안 했다.

앞으로 존경을 받을 수 있는 행위는 홍익인간이 되고서야 그 일이 일어나는 것이다.

나를 불태워 너를 위해 살았다면 분명히 저 사람은 나를 존경하고 사랑하게 되어 있다. 그 사람이 나를 존경하고 사랑한다면, 나는 너를 위해서 목숨을 걸 수 있다.

이것이 사랑이 이루어지는 것이다.

스승은 제자를 사랑하고 제자는 스승을 사랑하고, 스승과 제자는 서로가 목숨을 걸 수 있는 존재가 되고, 이것이 진정한 사랑이 이루어지는 것이다.

홍익인간들이 되면 그 일이 일어난다.

이것이 진정한 사랑이 탄생하는 것이 된다.

이것이 인류평화를 이뤄내는 그런 에너지로 변하는 것이 된다.

(유튜브 정법강의 2582강 중)

내가 상대에게 사랑을 받으려면 나는 그를 위해 살아야 한다고 합니다.

그를 위한 삶이 그로 하여금 존경을 불러일으키게 되어 나를 사랑하므로, 나 또한 그를 사랑할 수 있다는 것입니다.

이는 마음만 있다고 해서 아무나 그렇게 되는 것이 아니고, 자신을 갖추어 상대를 이롭게 하는 삶을 살고자 하는 홍익인간의 인성을 가춘 자만이 가능하다고 합니다. 상대를 이롭게 하는 것은 내가 상대를 도와서 상대가 자신의 삶에서 좋아지는 것을 말하고, 이는 물질의 향상을 두고 하는 말이 아니라 정신적인 면을 말하는 것입니다.

즉, 나의 도움으로 말미암아 상대가 스스로 삶의 희망을 찾고 성장과 발전의 기회를 갖는 것입니다. 이타행과 이광공익의 행을 할 수 있는 홍익인간의 인성을 갖춘 사람은 자신만을 위하는 삶을 살기 보다는 이웃과 사회와 나라와 인류를 위한 삶을 지향합니다.

다른 계산을 하거나 사익을 챙기는 사람이 아니라 자신의 갖춤에 따라 이웃에서부터 시작하여 인류를 위해 이롭게 하여 궁극의 목표인 인류평화를 위한 삶을 사는 홍익인간이 되었을 때, 최고의 존경과 진정한 사랑이 이 인류에 나타나게 될 것이라고 이해하고 희망합니다.

어디에도 매이지 마라

무조건 매달리는 짓은 하지 마라.

매달리면 어떻게 되냐?

시간이 갈수록 나는 매달리기 시작을 하고, 나는 계발이 안 되고, 또 나의 기운은 크지를 못하고, 나를 도와주는 신들은 군림을 하고, 이렇게 되면 내 인생을 사는 게 아니고 그 밑에 무릎 꿇고 그냥 꿇어 앉아 갖고, 그냥 따른다, 따른다 하다가 죽어버린다는 것이다.

뭐하려고 세상에 왔냐?

내가 세상에 온 이유는 내가 영혼을 맑혀서 깨끗이 정화를 해서, 영원히 해탈된다는 것이, 내 자신을 맑혀가지고, 내가 육신을 다 쓰고 분리해서 차원 계에, 내가 영혼으로 갈 때는, 이 영혼이 맑아져서 내가 천상에 가버리고 내가 구천에 안 떠돌아야 되는 것이다.

그것이 목적이다. (유튜브 정법강의 2898강 중)

옛 것에 매이면 시대를 읽지 못해 뒤처지게 되고, 자기 식에 매이면 변화를 이루지 못해 발전하기 힘들어지며, 호불호에 매이게 되면 그것에 빠지기

쉬우며, 자기 고집에 묶이게 되면 병이 들어 자신의 생명이 위태롭게 되고, 사람이든 신이든지 간에 묶이게 되면 의지가 박약해져 자신 고유의 자유의지가 말살이 되어 스스로의 자존감이 없어지게 됩니다. 이는 살아 있어도 산 것이라 할 수 없을 것이며, 정작 실력이 필요한 때에 이르러 갖춤이 없으므로 허망한 인생일 수밖에 없는 것입니다.

말씀에 따르면 이런 삶에는 영적으로 티가, 탁함이 많아 결코 천상에 이르기가 '하늘의 별 따기'처럼 이룰 수가 없게 된다고 합니다.

물론 세상의 모든 것들이 다 내 것이 될 필요는 없겠으나, 자신이 필요로 하는 것들은 스스로 갖출 줄 아는 것이 진정한 실력이고 능력이라고 생각합니다.

그것들이 이웃과 사회를 위하는 일이라면 더더욱 그러할 겁니다.

이 땅에 와서 빛나는 삶을 살지 못하고서는 이 세상에 왔다가 간 의미는 일도 없다는 것을 알아야 삶도 발전하게 될 것입니다.

나 자신을 밝혀 사람을 이롭게 하지 못하면 그 누구도 사후에 천상에 오를 일은 전무하다고 합니다. 수신하지 않고서는 이웃과 사회를 향해 나아갈 수 없음을 하루라도 더 빨리 깨달아야 하며, 그렇게 하기 위해 노력하여 갖추어야 할 것입니다. 그 어디에도 매이지 않기 위해서는 진리의 지식을 갖추어 바르게 분별할 수 있는 실력을 기르는 길밖에 없을 것입니다. 상식의 재주로 제 아무리 날고 뛰어봐야 다람쥐 쳇바퀴 돌 듯 하는 것에 지나지 않으며, 말뚝에 매인 소처럼 제자리를 맴돌 듯 삶의 발전을 이룰 수가 없는 것입니다. 매이지 않게 공부하고 노력하는 것으로 자유를 향해 한 땀 한 땀 나아가는 것이 됩니다.

공부하라

집안이 어려워지니까 어디를 가요?

남자들이 교회를 많이 갔습니까, 절에를 많이 갔습니까?

여자들이 교회를 많이 갔습니까, 절에를 많이 갔습니까?

여자들이, 70프로 이상이, 여자들이 절에 가고 교회에 가는 것이다.

왜? 모르니까, 답답하니까, 어려워지니까 먼저 찾아 나서는 게 여자다. 여자들이 공부를 했어야 되기 때문에, 그런데 정신적인 지도자들이라고, 거기에는 일반 지식보다 지혜가 있고 더 큰 법이 있는 줄 알고 간 데가, 여자가 공부하러 간 것이다.

남자는 이룰 수는 있지만 이것을 운용을 할 때는 여자들이 지혜를 열어주어야 되기 때문에, 그렇게 해서 운용이 될 때 이것은 아주 빛나는 일이 일어나게 된다.

여자들이 이 선지식(교회, 절)에 찾아갔으면, 생활 속의 공부를 가르쳤어야 한다. 당신(선지식인)은 자연의 공부를 하더라도, 이 사람(신도)는 생활 속에서 살던 사람이 오지 않았던가.

그러면 자연 속에서 공부하면서 어느 정도 질량이 찬 것 같으면, 생활 속의 공부는 30프로 공부이기 때문에 이것을 얼마든지 가르칠 수 있어야 했다. 그러나 그러지를 못했다.

기도하는 것은 뭐예요? 기도는 얻는 것이다.

기도는 뭔가 타기 위해서, 기복은 타기 위해서 얻기 위해서 하는 것이 기도다. 그러면 공부한 거는 뭐예요? 얻기 위해서 공부하는 게 아니고 나의 질량을 갖추기 위해서 공부를 하는 것이다. 기도하고 공부는, 공부는 어떻게 되느냐? 공부는 너를 갖추는 것이다. 주고 안 주고 이런 것을 왜 따지는가? 나를 갖추는 게 공부다. (유튜브 정법강의 3993강 중)

집안이 어려워지면 그 어려움을 가장 아프게 겪는 사람이 아내이자 어머니인 여성이라고 합니다. 정작 실수나 잘못은 자녀나 남편이 저질렀음에도 가장 아파하는 것은 여성의 몫이 되는 것이죠.

그러다보니 그 어려움을 풀기 위해서 찾아가는 곳이 대부분 신앙촌입니다.

어려움을 풀기 위해 나보다 나은 선지식인을 찾아가는 것은 인간의 본능입니다. 그런데 문제는 애끓는 마음으로 찾아간 그 곳에는 정작 나를 이끌어 줄 선지식인이 없었다는 것입니다. 나름의 공부를 했다는 선지식인들은 단지 그들의 지식을 가르쳐 준 것에 불과하다 보니, 어려움이 해소되지 않고 반복될 수밖에 없는 상황으로 이어지고 있는 것입니다. 임시방편만으론 어려움을 근본적으로 풀 수 없습니다. 자기공부는 없이 그저 방편에 빠지다 보니 습관처럼 그곳에 가서 의지하고자 했기에, 이젠 시간은 다 되고 심지어 나의 어려움은 가중되어 감내하기 어려운 지경에 이르게 된 것입니다. 거의 같은 급의 인연을 만나고 있었으므로 자기발전이나 좋은 환경의 변화는 없었던 것입니다.

공부를 하지 않아서 잘못된 습관이 고착화 되면 가장 아쉬운 것이 자신에게 주어진 유한의 시간입니다. 시간은 나의 처지를 생각해서 기다려주지 않습니다. 안타깝지만 하늘은 그렇게 운용하지 않는다는 사실입니다. 공부는 하지 않으면서 그저 기복의 기도에 빠지게 되면 대책이 없습니다. 자신의 어려움을 풀기 위해 기복기도를 한다는 것은 자신이 부족하고 모자라는 것이므로, 하나라도 잘못된 것을 바로잡기 위해 노력해야 한다고 합니다. 뭐가 모자라고 뭔가가 잘못된 것인 줄을 알아야 반성할 것은 반성하며 바꾸려고 노력을 할 수 있는 것입니다.

나을 갖추지 않은 대가는 혹독합니다. 지금의 어려운 환경이 이를 말해주는 것입니다. 오직 자신을 바르게 갖추는 길만이 후회 없는 삶을 살 수가 있게 됩니다. 자신을 갖추기 위해 공부할 수 있는 진리는 누구나 자신의 주변에 있습니다. 단지 오가는 인연에 소홀하다보니 미처 알지를 못하는 것뿐입니다.

자신이 바르게 갖추면서 살았다면 지금과 같은 어려운 환경에 처해있지도 않을 것입니다. 열심히 사는 것과 바르게 사는 것은 다른 것이며 그 결과는 천지차이가 납니다. 아주 열심히 착하게 아무 잘못됨이 없이 살았는데도 불구하고 어려움에 빠졌다면 이 또한 크나큰 모순이잖습니까? 지금까지의 똑똑한 상식으론 모순을 깰 방도가 없었을 겁니다. 오직 진리의 법만이 그 모순을 시원하게 깰 수가 있다고 합니다.

지금까지 성장하는 시대엔 그 모순으로 성장했지만, 이제부터는 모순의 의한 성장을 바르게 운용하는 시대가 되었다고 합니다. 시대가 완전히 바뀌었습니다. 바르게 갖추지 않고서는 밝은 미래가 없다 해도 과언이 아닙니다.

너나 할 것 없이 지금부터는 기복할 때가 아니라 바르게 갖추어 행할 때입니다.

누구든지 바른 진리의 법을 갖추지 않고서는 지혜를 열 수 없을 것입니다. 지혜가 없이는 자신이 원하거나 풍요로운 삶을 펼칠 수가 없게 되는 것이죠.

모순

모순을 갖다가 굉장히 어렵게 찾으려고 하는데, 어려운 게 아니다. 방법을 모르는 거다. 굉장히 쉽다. 내가 이 사람하고 이야길 하고 탁 걸리면, 걸리는데, 내가 고집을 부리면 모순이 되는 거다.

내가 아무리 옳다고 생각을 하고 있어도, 저기에 걸렸으면 이거는 뭔가가 지금 걸린 거지 이거는 풀어야 되는 거다. 그런데도 내 고집을 부리고 간다? 이것은 모순을 찾아야 되는 거다.

우리는 세상을 지금 살고 있는 것이지, 세상에 부닥치는 이것은 내가 잘못이다. 요 안에서 무엇을 잘못했기에 내가 지금 이렇게 부닥치고 있을까? 상대를 이해를 못하는 구나! 상대가 말을 한 것을 내가 이해를 못하니까, 내가 걸린 것이다. 내가 실력이 모자란다는 것을 빨리 깨야 된다. 이 말이다.

내 앞에 인연을 그렇게 붙여주는 것이다. 내 앞에는 내 공부거리를 항상 갖다 주는 게, 이게 내 앞에 인연을 보내주는 것이다.

공부는 굉장히 단순한데 어렵게 하는 것이다.

상대성으로 하여금 우리는 인생을 살게 돼 있고, 상대성으로 하여금 세상은 운용되게끔 우리 인생은 만들어져 있다.

그런데도 상대하고 섞일 수가 없다면, 상대의 것을 이해하지 못하고 이해시키지 못하면, 여기서 인생을 살아가는데 늘 걸린다는 것이다. 요게 질량이다. 다른 거 다 놔더라. 요거 하나만 생각하라. 이것이 내 공부다.

(유튜브 정법강의 4783강 중)

누구를 막론하고 어떤 상대와의 대화에서 내가 생각하고 말하는 것을 상대가 이해를 못해서 부딪치는 경우가 종종 있게 됩니다.

그럼에도 불구하고 자꾸만 상대를 이해시키려고 했던 말 또 하고, 강요나 억지로 고집을 부리면 모순이 되는 것입니다. 이럴 경우 상대를 불편하게 하고 나의 기분도 덩달아 불편해지므로 서로에게 득이 되지 않는 겁니다. 즉, 웃자고 말했더니 죽자고 덤비는 격이 되는 겁니다. 이럴 때는 자신의 실력이 모자람을 빨리 알아차려야 하며, 더 이상 나의 주장을 계속한다는 것은 아무런 의미가 없음을 알아야 합니다. 내가 필요로 하는 상대의 동의는 오로지 나의 실력에 달린 것입니다. 갖춘 실력이 없으면 상대한테 늘 걸리게 되어 나뿐만 아니라 상대에게도 본의 아니게 피해를 주는 것이 됩니다. 이렇게 되면 올바른 인간관계에 전혀 도움이 되지 않음을 알아야 합니다. 상대를 원만하게 이해시키지 못하는 실력이라면 공부를 더 해야 하는 것이 맞는 것입니다. 내가 하는 말을 못 알아듣는다고 상대를 원망하거나 탓을 할 일이 전혀 아님을 아는 게 공부하는 겁니다.

우리가 지금 여태까지 선천시대의 삶은, 이 방법은 모든 모순을 끌어내기 위해서 산 방법이다. 모순이 있을 수밖에 없었던 것이다. 그리고 이 후천시대는 이 모순들을 정리하는 시대이다. 모순을 정리하고 정(바름)을 일으켜서 미래를 열어가는 시대를 여는 것이다.

이 모순이 나오고 나면 어떻게 되느냐? 정이 나온다.

모순이 아닌 바른 정이 이제 내려온다. 이것이 지금 정법시대라고 이야기하는 것이다.

바른 법칙이 내려온다. 자연의 법칙!

이 모순이 없으면 이게 바른 건지 틀린 건지, 이거는 이해가 안 되게 돼 있는 거다. 이제 인류의 모든 모순들이 일어났기 때문에 정이 내려와서 확연히 드러나는 것이다.

지금 이렇게 모순이 있다고 너무 모순이 많다고 빠지지 마라. 이 모순을 일으킬 수밖에 없게끔 네가 인연법으로 연결하면서 너의 근기도 그렇게 해서 몰고 온 것이니까, 이제부터 정리를 해서 미래는 사람들을 위하여 필요하게 살아나가는 방법을 모색해서 열어나가면 된다.

이것은 내가 죄가 되는 게 아니다. 내가 모르고 있으니까 뭔가 정리가 안 되는 것이지 이것은 죄라고 이야기하는 것이 아니다. 항상 어떤 일에는 상대가 있어야 되고 상대가 있기 위해서는 그 근기가 맞아야 되고, 이렇게 하면서 인연법으로 자주 연결을 시켰던 것이다.

내 자신의 노력을 어떻게 하느냐에 따라서 내가 만나는 인연이 달라지고, 인연들이 정리가 되고, 이런 게 다 정리가 되어 있으니까 이제부터 정리를 해가면 되는 것이다. (유튜브 정법강의 5083강 중)

내가 겪는 모순들은 이미 선천시대부터 있어왔기에 나 또한 겪고 있는 것이며, 지금까지의 모순들은 인류가 성장하는데 필요했고 그 모순을 먹고 자란 것이 오늘 날의 인류라고 합니다.

이는 소위 인류의 성장통이라고 할 수 있으며 지금까지는 모든 모순들을 끌어냈기 때문에 하나하나 정리가 가능한 것이며, 그 정리의 잣대가 바로 새로운 패러다임인 정법입니다.

우리는 항상 '생활이 그대를 속일지라도.'에 밀리며 살아왔고, 이제는 정법으로 인해 우리들의 생각을 바꾼다면, 그것을 넘어 바른 삶을 살 수가 있게 되었습니다. 세상사람 저마다 겪고 있는 자기모순은 자신의 삶의 일부분입니다. 다만 그 모순을 죄악시해서는 바른 것이 아니라는 것을 공부를 하면서 알게 되었습니다. 지금까지 인류가 성장하는 가운데 모든 모순들의 정보가 이 시대 우리 홍익인간들에게 왔으므로, 이를 새로운 패러다임인 정법으로 정리해서 인류를 모순의 수렁에서 구하고 득이 되게 해야 할 사명이 있다고 생각합니다.

그야말로 작게는 우리 이웃과 사회를, 더 크게는 인류공영에 이바지할 때가 된 것입니다.

즉, 비로소 "사람을 널리 이롭게 하라"를 실천할 때가 된 것이며, 그렇게 할 수 있는 것은 바로 우리에게 만인만법인 정법이 있으므로 가능할 것이라고 생각합니다.

오가는 것 막지도 잡지도 마라

인연이, 우리가 붙잡아 둔다고 해서 좋은 것이냐! 그렇지 않다.

가는 거는 놔줄 때 최고로 좋은 인연을 만드는 것이다.

우리는, 사람이 떠나려고 그럴 때 그냥 떠나게 놔두면, 이 사람은 꼭 돌아온다.

제일 빨리 돌아온다. 그런데 가려고 할 때 잡았다, 잡았는데 안 떠나냐? 또 좀 있으면 떠나려고 한다.

그런데 또 잡았다? 안 떠나냐? 또 자꾸 떠나려고 한다.

한 번 떠나려고 한 사람은 꼭 떠날 수 있는 환경을 만들어 낸다.

그래서 나중에 잡다, 잡다하다 보면, 또 떠날 환경이 만들어지는데, 이때 잡으려고 하면 원수가 되어 떠나게 된다. 이제는 옆에 오거나 들리는 것조차도 지긋지긋하게 되어 떠나기 때문에 멀리 가게 된다.

마음으로부터 멀리 떨어지기 때문에, 돌아올 수 있는 환경을, 붙잡은 만큼 더 길게 해서 쫓아낸 것이 되므로 내 살아서 못 볼 수도 있다.

그런데 처음에 떠나려고 한 사람은 좋은 방법으로, 왜 떠나겠느냐?

내가 아직까지 너의 욕심에 차지 않기 때문에 떠나는 것이다.

그러면 떠나게 놔두고, 좋은 환경으로 갈 수 있게끔 도와주어야 한다.

그리고 떠나보내 놓고, 내가 열심히 노력을 하면 내게 힘이 생기고, 그 사람이 언제든지 와도 내가 품을 수 있는, 그만한 힘이 만들어지게 된다.

그렇게 되면 떠난 사람은 헤매기 때문에, 아직 힘이 없기 때문에 결국은 이쪽으로 돌아오게 된다.(유튜브 정법강의 1324강 중)

'누군가가 내게서 떠난다면, 나는 나무가 되어 떠난 새를 기다리고 있겠다.' 는 것이 평소 이별에 대한 나의 생각이었습니다.

마음이 뜨면 당연히 몸도 가까이에서 떠나게 되는 것입니다.

그럼에도 불구하고 떠나는 사람이 아쉬워 자꾸만 잡으려 할수록 몸도 마음도 결국은 지쳐서 일찍 헤어짐만도 못하게 되고 마는 것입니다.

만나면 언젠간 헤어지는 것이 인연이 아니라, 만났다면 헤어질 수도 있는 것이 인연입니다. 가는 인연을 자꾸 억지로 잡는 것은, 시간이 갈수록 둘 사이의 감정은 물론 주위의 환경까지도 나쁘게 만들고 서로가 불행의 늪에 빠지게 됩니다.

떠나는 상대는 자신이 머물 수 있는 환경이 아니기 때문에 떠나는 것입니다. 사람은 누구나 자신의 마음이 편하고 좋은 곳으로 가고 싶은 마음이 강하고, 이는 아주 자연스런 현상입니다.

굳이 상대가 떠난다면 잡지 말고, 나는 내 자리에서 나의 부족함을 채우기 위해 노력을 하면 되는 것입니다. 그래서 나의 환경을 좋게 만들어 놓게 되면, 나를 떠났던 파랑새는 돌고 돌아서 떠났던 자리로 돌아오게 됩니다. 그때 새롭고 좋은 환경 속에서 뜻을 맞추어 지난날보다 멋지고 아름다운 삶을 펼치면 되는 것입니다. 보다 나은 삶을 위해서는 인연과 헤어지는 용기도 필요한 것입니다.

'회자정리' 라고 했습니다. 우리가 알 듯 만난 사람은 반드시 헤어지게 된다는 것이 인연법입니다. 만날 때는 너무 좋아서 만나다가 어느 시점에 이르러서는 싫으니 그만 헤어지자고 해서 헤어지는 게 다반사입니다. 가족이 됐든, 사랑하는 연인이 됐든, 사회 지인들이 되었던지 간에 서로 헤어진다는 것은 그리 유쾌한 일이 아닐 것입니다. 별일이 있을 때 오고 별 볼 일이 없으면 떠나는 것이 우리네의 인지상정입니다. 우리는 별이 된 사람 곁에는 머물기를 원합니다. 잘 모르긴 해도 별은 따뜻한 빛을 주기 때문이라는 생각입니다. 그 별이 빛을 잃는다면 우리는 또 다른 별을 찾아 떠날 것은 너무나도 자명합니다.

그럼 나는 과연 별인가? 누군가 옆에 있다면 그에게는 내가 별이 맞지만, 있던 누군가가 떠난다면 나는 이미 별이 아닌 것입니다. 별별 별들이 모인 것이 아름다운 은하수이며, 사람 사는 세상도 이와 다르지 않습니다.

나의 삶이 주위 인연들한테 득이 되면 모여들고 그렇지 못하면 헤어지는 것임을 이젠 알아야 할 것입니다.

내가 갖춘 실력이나 능력이 기대치에 떨어지면 득이 없음을 알고 인연들은 떠나는 것이며, 나의 갖춤이 출중하면 혹시나 하는 맘에 내 주위를 서성거릴 것입니다.

단순히 사람들이 많다고 좋아할 게 아니며, 또 너무 적다고 불평할 것이 못됩니다. 이는 질의 문제지 양의 문제가 아님을 알아야 합니다.

소위 정승 집 개가 죽으면 문전성시를 이루다가도 그 정승이 죽으면 파리만 날린다는 속담이 말해 주듯, 죽은 권력은 더 이상 그들에게는 무용이라 생각되어 발길을 끊고 마음을 끊는 것입니다. 그야말로 이젠 별 볼 일이 없게 된 것입니다. 질량이 갖춰지지 않은 사람에겐 의리가 없을 것입니다. 가벼우니까 갈대처럼 시류에 흔들리는 것이고요. 그렇대도 그들을 탓할 일은 아니라고 생각합니다. 그들은 그냥 배고픈 대로 움직일 뿐인 것을 정승은 헤아려 인연들을 대하지 않은 까닭의 결과일 뿐입니다.

인연과의 헤어짐 또한 자업자득이라 할 수 있습니다. 내게 열리는 모든 환경은 내가 심고 가꾼 것들입니다. 초상집 파리도, 문상객들도 나의 갖춘 질량에 걸맞게 오고 갈 뿐인 것이죠.

상대는 상대를 위해서 떠나는 것이고 나또한 상대에게서 얻을 것이 없게 되면 스스로 떠나게 될 것입니다. 우리 인간관계는 피차일반의 환경 속에 있는 것입니다. 별이 되고 싶고 누군가와 함께하고 싶다면 서로 아끼고 사랑할 수 있어야 가능할 것입니다.

세상사 모든 것은 자기 자신이 하기에 달린 것이며, 누구나 노력해서 갖춘다면, 그래서 자신의 삶이 멋지고 아름답게 빛난다면 나를 떠나 천 리 밖에 머물던 인연도 스스로 찾아와 함께 하길 원하게 될 겁니다.

그러므로 오직 나 자신을 갖추어 빛나게 잘 사는 것만이 답입니다.

그 이후는 아름답고 행복한 자유! 입니다.

함부로 간섭하지 마라

질문 : 아이들이 부모의 말을 듣지 않고 제 멋대로 할 경우, 그런 행동을 하지 못하도록 따끔하게 혼내주며 잡아주는 게 옳은가요?

어떻게 잡아줄 건데? 이 행동이 어떻게 해서 일어났는데?

이렇게 되는 것이다.

애들을 두드리고 들어가면 아무것도 할 수 없는 상태가 된다. 부모가 하고 있는 상태가 잘못된 것이다.

이게 뭐냐면? 지금부터라도 이런 거를 근본을 안다면, 지금부터라도 지금은 조금 어렵지만 내 것을 찾아 내 것을 열심히 하는 것이다. 내 것을 열심히 해가면 지금은 애들이 비뚤어지게 가는 것 같지만, 그래도 내 것을 열심히 하고 있으라는 것이다. 잘못된 것은 잘못된 것이다.

그렇게 된 만큼 내 것을 열심히 하지 않고 간섭을 하고, 여기서 뭔가 잘못한 게 있기 때문에 이렇게 됐으니까, 지금 잘못되게끔 만들은 원인에 질량, 이것만큼 지금은 내가 노력을 두 배로 더해야 된다. 내 것을 바르게 해나가는데, 잘못 된 것은 보면서 마음이 아파야 되고, 그러면서 나는 이것을 바르게 하기 위해서 내 것을 열심히 해나가는, 이 인내를 가지고 가다 보면 자식은 돌아온다.

내가 이것을 간섭을 해서 바르게 할 수 있는 것같이 느껴지지만, 간섭을 하면 할수록 더 빗나가고, 나중에는 적이 되고 완전히 원수가 된다. 이것은 바르게 하고 있지 않고 있기 때문에 그렇게 되는 것이다. 우리가 잘못한 게 있다면, 이것이 바른 길이라고 생각을 하면, 바른 길은 가야 한다. 이게 잘못된 것 같지만 내가 바른 길로 가면 하늘은 정확하게 나를 돕는다.

자식은 다른 것을 경험을 하면서, 충격을 받으면서 제자리로 딱 돌아온다.

이 때 요 모습을 보는 거다. 우리 부모님이 얼마나 열심히 지금 살고 계시는지, 이것을 또 내가 한 두 배로 더 노력을 하니까, 더 잘 보이게 될 거고, 그러면 이것이 밸런스가 딱 맞게끔 해가지고 자식을 집으로 싹 돌려보낸다.

(유튜브 정법강의 1155강 중)

부모 자식 간에 부모의 생각대로 아이들이 따라주지 않을 때, 많은 부모들이 아이들을 강제하려다가 화만 키우는 우를 범하는 경우가 비일비재합니다.

아이들이 부모의 말을 듣지 않는 데는 그만한 이유가 숨어 있으며, 그 숨어있는 이유가 부모 자신의 영향 때문이라는 것을 모르기에 '방귀 뀐 놈이 화낸다.'고 무식하게 자신의 말을 듣지 않는다고 자식만 들들 볶는 것입니다.

예부터 윗물이 맑아야 아랫물도 맑다고 하잖는가? 부모가 제대로 바른데 자식이 엇나가는 경우는 없다고 합니다. 결국 부모의 티가 자식에게 작용하여 그런 좋지 않은 언행들을 하게 됨을 알아야 합니다. 내가 바르지 않으면 남을 바르게 할 명분도 힘도 나오지 않음도 알아야 합니다.

통제 불능의 반항이 심한 자식을 둔 부모는 당연히 억장이 무너지고 삶의 의미마저도 잃게 될 수도 있는 아주 심각한 일인 것입니다.

그렇다고 진짜로 포기하고 방치하게 되면 이는 분명히 천추의 한으로 남게 되고, 이는 사회에도 좋지 않은 영향을 끼쳐 큰 부담을 안기게 되어 더욱 감당하기 어려운 화를 부르게 된다는 점을 명심해야 합니다.

고로 자식이 바르지 않은 언행들이 터져 나올 때에는 함부로 자식에게 간섭하려 들지 말고 차분히 그저 내 죄려니 하며, 나의 잘못된 점도 살펴보고 자신을 바르게 하기 위해 노력하며 열심히 살 때, 비로소 그 자식은 서서히 부모 곁으로 돌아오게 되어 있다고 합니다. 이를 대자연의 법칙이라고 한답니다.

누구나 자신이 먼저 노력하여 자신을 갖추면 모든 것이 바르게 된다고 합니다.

부모가 만든 환경과 삶을 대하는 태도는 자식에게 더없이 소리 없는 교육이 되고 있음을 깨달아야 합니다. 부모가 자식을 간섭하면 할수록 자식은 자꾸만 멀어져 가게 됨을, 소위 비행을 저지르는 아이들을 보면 부모의 간섭이 싫어서 가출한 청소년들이 대부분이라는 것을 우리 사회에서 심심찮게 볼 수 있습니다.

우리 부모들은 이런 점을 명심해야 하고 자식들을 간섭하기 보다는 관심과 존중 차원에서 보아야 되며, 되도록 부모 자신을 살펴 문제된 원인을 찾아 고치려는 노력을 다할 때 자식은 스스로 자신의 잘못을 고치게 될 것입니다.

그러므로 내 자식이라고 해서 함부로 간섭하면 아니 되는 것임을 알아야 합니다. 시쳇말로 '너나 잘 하세요'가 아닐까요?

기복하지 마라

기복만 하고 어려움만 푼다고 해서 되는 게 아니고 이것은, 임시방편으로 풀어주되, 어려운 것은 네가 잘못 살아서 어려워진 것이다.

자식이 힘들게 살고 있다면 부모가 자식을 잘못 키운 것이다.

그래서 이 어려움을 겪는 것이다. 자식을 방치해둔 만큼 삐뚤게 간 것을, 인제 이것을 가지치기를 한다, 두드려 팬다, 뭘 해가지고 이걸 바르게 잡으려고 해야 되는 꼴이 된 것이다.

지금 이 국민들이 다 어려워진 것은 전부 다 방치했기 때문에 어려워진 것이다. 자식을 방치하면 자식이 어려워지고, 우리부모님을 방치하면

우리부모님이 어려워지고, 나라가 이 국민들을 방치하면, 국민들이 어려워지는 것이다. 쌀만 준다고 되는 것이 아니고, 국민들을 위하는 것은, 국민이 앞으로 지적으로 살 수 있는, 이것을 끌어올려주는 것이 국민을 위하는 것이지, 쌀만 준다고 국민을 위하는 게 아니다.

그것을 바르게 가르치면, 그것을 공부해가면서 살면, 스스로 우리는 다 좋아지게 돼 있는 것이다. 하늘이 스스로 돕는다.(유튜브 정법강의 5060강 중)

공부를 하면서 바르게 알게 된 것은 살아가면서 어려워질 때마다, 건건이 기복에 매달리다 보니 잘못은 고쳐지지 않고 마치 눈처럼 쌓여 종내는 감당하기 어려운 환경에 빠지게 되고, 자신의 생각과는 달리 그 대가는 혹독한 현실에 나앉게 된다는 것입니다. 이는 나의 기복의 행동이 때를 씻어내는 것이 아니라 도리어 때를 덕지덕지 입히는 꼴이 되는 것임을 이제는 깨달아야 할 겁니다. 나의 어렵고 힘든 상황을 누구를 원망하고 그 누구를 탓하랴! 남 탓은 아무 소용없는 짓에 지나지 않습니다. 순전히 내가 뿌린 씨를 받아 든 아주 쓰디 쓴 열매를 짐짝처럼 무겁게 지고 살아가야만 된다는 사실을 직시해야 합니다.

나의 인연들이 이러저러한 모습으로 나를 힘들게 하는 것은, 나와 관계가 있는 인연들을 위해 내가 아무 것도 한 것이 없기 때문에, 안타깝게도 내가 원하는 것을 받을 수가 없게 된다는 것입니다. 분명한 것은 '내가 상대를 위해 이로운 일을 한 게 없다면 상대는 절대 나를 위해 살지를 않는다'는 것입니다

내 삶이 힘들다고, 상대가 못나 보이고, 하는 언행이 밉고 싫다고 멀리하고 방치했기에 오늘날에 이르러, 그 고통의 열매를 피눈물을 흘리면서 곱씹게 되는 것입니다. 그렇다고 해서 모든 것을 포기하고 허무하게 무덤으로 갈 수는 없는 것입니다.

오직 자식만을 위한답시고 기복에만 매달리는 것으로 자식을 위해 정성을 다했다는 생각은, 아주 비 과학적이며 위험천만한 행동에 지나지 않습니다. 딴엔 그렇게 애지중지 키운 자식이 속을 썩일 때면 불같이 화를 내고, 그럼에도 불구하고 끝끝내 그 자식이 생각처럼 말을 듣지 않으면, 에라 될 대로 되라는 식으로 자식에 대한 애증도 놓아버리고 맙니다.

자식이 팔자에 없는 원수가 되고 만 것입니다. 끝이 잘못 되었다는 것은

이미 시작이 틀렸다는 것을 알게 해줍니다.

그러나 '늦었다고 생각할 때가 가장 빠르다.'라는 말도 있지 않은가요?

많이 아프지만 그렇더라도 이 악물고, 고통스럽지만 무릎 꿇지 말고 인내하며, 내가 먼저 바르게 살고자 한 땀 한 땀 노력을 한다면, 무거운 짐도 아픔도 고통도 봄날에 눈 녹듯이 사라지게 되는 삶의 기적을 기어코 보게 되리라는 것을 정법을 만나 공부하다 보면 절로 깨닫게 되는 것입니다.

일순간 닥친 위기를 모면하려 생각 없이 자나 깨나 의지했던 기복은 이 시각으로 과감히 쓰레기통에 버리고 어렵고 힘들지만 냉철하고 당당하게 삶을 이끌고 나아가야 합니다. 살아 있다면, 아직은 기회가 있는 것입니다.

모순이 나타나면 바름이 뭔지를 알고 깨우치려 공부하는데 주저하지 말고, 깨친 바를 하나하나 바르게 실천하면, 내 삶에 따스한 햇살이 입맞춤 할 날도 그리 멀지 않았다는 믿음으로 새로 시작할 수 있어야 하겠습니다.

'아는 것을 행하는 것이 지혜다'라고 믿게 되었습니다. '하늘은 스스로 돕는 자를 돕는다'고 합니다. 그것을 증명하는 자가 인생의 승리자이며, 위대한 역사의 주인공이 되는 것입니다. 과거의 유물인 기복은 이제 그만하고 알기 위해 노력하며 실천하는 지혜를 깨닫는 것만이 우리가 당당하게 미래를 사는 방법입니다.

고집 부지리지 마라

고집을 부리면 왜 망하느냐?

답부터 말하면, 내가 고집을 부리고 있다는 건 더 위로 못 간다는 소리다.

고집을 부리고 있는 게 다다. 여기에서 발전이 없는 것이다.

우리는 여기서 발전을 해야 그 다음 게 보인다.

그런데 내가 고집을 부리고 있다? 그러면 거기서 한 치도 더 이상 발전 못 한다. 여기서부터 이제 미치기 시작한다. 그러면 이 고집을 풀려면 어떻게 해야 되느냐? 많은 사람들의 말을 내가 들어야 된다. 사람이 말을 들을 때는, 처음에 내게 말을 할 때는 턱도 없는 말을 할 수 있으나, 그러면 고집 센 사람은 어떻게 하냐면, 그 정도는 내가 똑똑하니까 고집이 센 것이다.

이것으로 그 말에 대한 것을 갖다가 두드리면서 내가 고집이 나온다. 그러므로 그 사람은 말을 하다가 입을 닫아버린다.

이제부터 더 이상 나오지 않는다. 다른 사람을 만나니까 또 그렇게 대한다. 또 다른 사람을 만나도 역시 마찬가지다. 이렇게 하다 보면 30년 가도 맨 그 장단이다. (유튜브 정법강의 5946강 중)

고집의 결과는 불통이며 불통은 자신이 외로워지는 지름길이며 더 이상 발전을 못하는 원인이 되기도 합니다. '황소고집 부리다가 큰 코 다쳤네'라는 노래도 있습니다.

고집이 센 사람은 소위 '외골수' 기질이 다분합니다. 자신이 정한 대로만 하는 성격의 소유자라 도통 남의 얘기를 잘 듣지 않는 특징이 있습니다. 살다보면 사안에 따라 남의 말도 들어가며 의논하거나 협조를 해야 함에도 불구하고 그런 생각이 전혀 없는 독불장군의 유형의 소유자이기도 합니다.

자기주장이 유달리 강하고 자신의 생각에 반하는 의견에는 전혀 동의가 없는 고집불통의 성격은 일을 그르치고 결국 망하게 되어 외로움에 빠지기 십상입니다.

한번 굳게 고집하면 도무지 융통성이 없는 막무가내 식의 고집은 무식에서 나오는 것이며, 똑똑한 사람의 고집은 답답함과 짜증을 자아내게 합니다. 이런 고집이 센 사람은 상대를 인정하거나 존중하지 않기 때문에 상대에게 있는 힘을 무시하거나 보지 못하여 상대의 힘을 받을 수가 없게 되는 것입니다.

내게 없는 것을 가진 게 상대요 또한 상대에게 없는 것을 내가 가지고 있을 수도 있기에, 서로 대화를 나누며 소통해야만 자신의 일을 잘 풀어갈 수 있는 것인데도 한사코 자기의 주장만 고집해서 일을 그르치고 마는 것입니다. 그러므로 큰 힘이 필요하면 그만큼 많은 인연들의 힘이 필요하다는 것을 알아야 하며, 무조건 고집을 부리는 사람한테서는 일의 성공이나 발전에 대한 답을 기대할 수 없습니다. 상대의 협조를 얻지 못하게 되므로 어떠한 길도 열리지 않을 것입니다. 누구를 막론하고 쓸데없는 고집을 부리면 결국 홀로 남게 되어 아무 일도 할 수 없게 됩니다. 자신에게 고집이 많을수록 내게 머무는 사람들은 적어짐을 알아야 합니다.

남 탓하지 마라

남 탓하면 안 되는 원리를 알아야 한다.

우리가 남을 탓한다는 것은 내 잘못을 모르기 때문이다.

그런데 내가 남을 탓할 때에는 내가 어렵고 남한테 내 어려움을 전가하는 것이 된다.

그런데 남을 탓 안 해야 되는 이유가 내가 잘못하지 않고는 나에게 어려움이 안 오는 것이기 때문이다.

대자연의 법칙이다.

남 탓하는 한 너는 절대로 어려움이 풀리지 않는다.

내 오늘날의 어려움은 절대 풀리지 않는다.

(유튜브 정법강의 763강 중)

자신의 어렵고 힘든 것에 대해 남 탓을 하는 것은 자신의 잘못이 무엇인지 모르기 때문에 일어나는 것이라고 합니다.

자신의 어려움은 자신이 잘못한 것이 과거부터 쌓여져 왔음을 알고 어려움을 겸허하게 받아들이고 잘못한 점을 반성하는 노력이 필요합니다.

어려운 환경에서 자꾸만 남 탓을 하게 되면, 그 어려움에서 절대로 벗어날 수가 없다고 합니다.

자신이 잘못한 것이 있었기에 잘못한 결과가 나를 어렵고 힘든 상황에 놓이게 만든 것이며, 이런 인과는 대자연의 법칙에 의해 결정되므로 결코 남 탓할 일이 아니라고 합니다. 주체하지 못하는 자기 기분 상 남 탓해도 되는데, 자신의 어려움은 더 심해지고 풀리지 않아 자신의 어려운 환경은 더더욱 나빠지게 됨을 빨리 깨달을수록 좋다고 합니다. 자신의 처지에 대해 화는 낼수록 커지고 크면 클수록 아픔은 크게 오래간다고 합니다.

자신이 짓지 않은 것은 절대 자신에게 오지 않습니다.

남 탓할 일은 자신이 만들어낸 것입니다.

정부를 탓하고 선배들의 무능을 탓하고 부자들이 돈을 안 내논다고 탓하고, 지금 막 이러고 있기에 지금 이 나라가 표류하고 있는 것이다.

우리는 사회를 바르게 볼 줄 알아야 한다.

왜 남을 탓할까? 네 실력이 없어서 그렇다.

이것은 무식하고 못난 사람이다. 너 자신을 모르고 있다.

자신을 갖춘 사람은 절대 남 탓을 하지 않는다.

남 탓을 하는 것은 철저히 무식하기 때문이다.

무식한 짓을 하면 하늘이 돕는 일은 절대 없다.

정법의 날이 서는 중이다. (유튜브 정법강의 1066강 중)

한쪽으로 기울어진 언론의 공과 사의 문제점을 스승님께 여쭌 적이 있었습니다. 이에 대한 답은 "남 탓 하지 마라" 였습니다.

말씀에 의하면 "이제부터는 사회를 뭐라 할 일이 아니고, 왜 사회가 이렇게 됐는가를 연구를 해야 될 때가 된 것이다. 그러니까 단체가 잘못한다고 뭐라 할 게 아니고, 이것을 연구할 때가 된 것이다." (유튜브 정법강의 8593강 참조) 라고 지혜의 답을 주셨습니다.

성장기에 바르게 공부하지 않았기에 실력이 없어서 남 탓만 하게 된 것이며, 그렇게 된 연유가 이 사회의 환경은 공부하는 학교와도 같음을 모르고 그냥 저냥 먹고 살려고만 하다 보니 시간 가고 남은 것은 없게 되었던 것입니다.

자신의 삶과 밀접한 이 사회를 공부하지 않고서는 실력을 제대로 갖출 수가 없고 실력이 없으면 갖춘 것이 없기에 습관처럼 불평불만에 남 탓만 하다 세월 그냥 다 가게 되는 것입니다. 불평불만과 남 탓에 빠지면 되는 일이 없을 것입니다.

> 제일 먼저 우리가 알아야 할 것이, 대자연의 법칙에 인간이이 세상에 태어나와서 하게끔 안 돼 있는 법칙이 있는데, 남 탓하는 법칙이다.
>
> 이것은 남은 나한테 어떤 환경으로 나한테 줄 수는 있지만, 내가 남 탓을 할 권리를 자연이 주지 않았다.
>
> 이것은 분명하게 잡아 봐야 한다. (유튜브 정법강의 10057강 중)

나에게 주어지는 환경은 나를 위한 것이나 대개 이를 알지 못하고 상대와 남의 잘못만 탓하고 그렇게 하면 할수록 자신의 환경은 더욱더 나빠진다고 합니다.

이때는 자신이 어려워진 원인을 찾아 해결해야 더 이상 환경이 악화되는 것을 막을 수 있게 됩니다. 만일 그렇게 하지 않고 계속해서 남의 탓만 한다면 그 어려움은 자신한테 오는 것에 그치지 않고 이 사회에도 안 좋은 영향을 끼치게 되어 내 몫으로 남는 것입니다.

자신이 한참 어려울 때는 가벼운 솜털조차도 버거운데 굳이 사서 고생을 할 이유가 있을까요? 남 탓을 해대는 것은 고생을 스스로 사는 것과 같다는 생각입니다.

남 탓하는 습관은 그런 것입니다. 나에게 주어진 모든 환경은 자신의 땅에 농사짓는 농부처럼 자신의 인생의 터에 지은 업과나 다름없는 것입니다. 실력을 갖췄다면 아름답고 향기로운 열매가 풍요롭게 열릴 것이나, 실력이 없으면 거둘 것이 하나도 없는 폐농의 결과를 쓰디쓰게 받을 수밖에 없을 것입니다.

실패한 사람은 변명을 입에 달고 삽니다. 자신의 실패를 두고, 날씨가 어땠니, 누가 제때 도와주지 않았니, 뭐가 부족했다면서 온갖 핑계와 변명을 마빡 터지게 쏟아내는 것으로 자신의 합리화를 주장합니다.

실패한 사람들의 전형적인 모습입니다.

남 탓할 시간에 자신의 실패에 대해 냉철하게 공부해야 합니다. 그래야 갖출 수 있고 갖춤으로써 더는 실패를 하지 않고 자신이 원하는 풍요로운 삶을 살 수 있게 됩니다. 그래서 하늘은 스스로 돕는 자를 돕는다고 합니다.

남 탓은 스스로를 망하게 하고 노력은 스스로를 돕는 행위임을 알아야 합니다.

내가 내 입으로 남의 탓을 하지 마라.
내가 남의 탓을 안 하면 어떠한 장점이 있느냐, 장점과 단점을 구분하자.
내가 남의 탓을 안 하게 되면 내 시간이 남는다.

시간을 바르게 쓰게 된다.
남의 탓을 하면 시간이 소모되면서 잘 못쓰고 있는 것이다.

남을 탓 한다라는 것은 너한테 마장 중의 마장이고
너를 좀먹는 아주 최고의 적이다.

남 탓하지 마라. 이거는 제일 첫 조건이다.
내가 너희를 도울 것이니 남 탓하지 마라.
(유튜브 정법강의 253강 중)

많은 것을 알되 바르게 아는 것이 제일 중요합니다. 나의 일을 갖고 남의 탓을 하는 시간이 많으면 많을수록 자신의 삶을 유기하고 갉아먹는 것이 된다는 생각입니다. 그 아깝고 소중한 시간만 낭비하고 나서 한다는 말이 결국은 인생무상이라 말하며 후회를 많이들 합니다. 이젠 늦었다는 얘기죠. 사람 탓, 물질 탓에 시간 가는 줄 모르고 있는데, 그런 남 탓할 시간이 있으면 그 시간에 하나라도 더 공부하여 자신을 갖추는 데 노력을 해야 잘못 된 삶을 고치고 빛나는 삶을 살 수 있게 될 것입니다.

남 탓은 자신을 병들게만 할 뿐 스스로에게 득이 되는 것은 일도 없음을 알아야 합니다.

내 생각에 남 탓하는 모순을 바로잡을 방법은 오직 "바르게 사는 법인 정법" 밖에 없습니다. 이는 스승님의 말씀처럼 대자연의 법칙이기 때문에 우리 삶에 0.1미리도 어긋남이 없이 적용이 되므로 이를 피해 갈 방편은 우주에 존재하지 않는다고 보는 것이 바른 생각일 겁니다. 정법을 만나 공부하면서 나름 깨달은 사실입니다. 이것이 나의 답이자 인류의 답이 될 것입니다.

습관처럼 돼버린 남 탓으로부터 자유로워지는 방법은 오직 갖춤을 위한 공부밖에 없다는 생각입니다. 나는 어느 순간부터 가난에서 벗어나 성공하기 위해 공부하며 찾고 찾다가 만난 것이 이 정법입니다.

여러분들도 어려운 가운데서도 풍요롭고 싶다면 매우 절실하게 구하고 두드려 보십시오. 그러면 하늘은 반드시 응답을 할 것입니다. 목적하고 목표한 것을 노력을 다하고 나서 진인사대천명의 자세로 모든 삶에 대한다면 삶은 당당해질 것이며 생각보다 많이 풍요로울 것입니다.

누구나 자신이 하고자 하는 일의 뜻이 바르다면 함께 할 사람들은 우리가 사는 세상엔 많다는 사실을 깨닫기 바랍니다.

바르게 깨닫는 것이 곧, 자신을 위하는 것이며 대자연의 은총입니다. 매사 감사한 삶을 살게 될 것입니다.

필자는 이 면을 빌어 특별히 제안하고자 합니다.

이 기회에 '바르게 사는 법-정법'을 반드시 만나보시고 일정부분(약 30~100강/강의당 한 7~20분 정도)을 알아보고 나서 판단해 보기를 바랍니다. 필요하다면 필자가 감사한 마음으로 안내해 드리겠습니다.

불평불만하지 마라

인간이 살아가는 법칙 중에서 제일 안 좋은 방법이 남 탓하는 거, 이게 최고 안 좋은 버릇이다.

불평불만을 한다, 라는 것은 네가 어려워지는 시작이다.
그리고 남 탓을 하는 순간에 네가 어려워진다.
요 두 가지는 우리가 명심하고 살아야 될 덕목이다.

해도 됩니다. 해도 되는데 어려워진다는 거다.
아, 이것은 누가 막아 줄 수가 없다.
하느님도 못 막아 준다.

불평불만하지 마라.
전쟁이 일어나서 폐허 속에 우리가 태어났어도 네가 요 자리에 태어났으면 여기에서부터 시작하라고 요기에 태어난 것이다.

불평불만하지 마라.

네가 여기에 온 것을 불평하면 네 삶만 어려워진다.

여기에서부터 시작해서 멋진 삶을 살 수 있게 돼 있다.

항상 나한테 환경을 준 것을 감사하고, 여기에 환경을 준 것이 자연의 법칙으로 너한테 준 거니까 이것을 불평을 하면 하는 만큼 네가 어려워진다.

(유튜브 정법강의 5103강 중)

나에게 주어진 환경에 대해 어렵다고 해서 불평불만을 한다면 곧 나의 환경을 더욱 어렵게 만드는 것으로 이는 바르지 못한 것이라고 합니다.

그러므로 나한테 주어진 환경을 잘 풀어서 더 좋고 나은 세상을 열고 빛나게 살 수 있어야 합니다. 그렇지 않고 자꾸만 불평불만을 하게 되면 더더욱 어려워지고 더 아프게 되어 급기야 병도 오게 되는 것이 이치라고 합니다.

그러므로 주어진 환경을 감사하게 받아들이고 바르게 풀 수 있도록 공부하는 각고의 노력이 필요다고 할 수 있습니다.

세상은 자신이 불평불만을 한다고 해서 결코 좋아지지 않음을 알아야 시간 낭비도 없을 뿐더러 치우치지 않고 빠지지 않는 삶을 살 수가 있습니다.

직장에서의 불만 가정에서의 불만 이 사회에 대한 불만에 간섭한다라는 것은 자유롭던 나방이 죽음의 유등에 빠진 격이나 다름없는 것입니다.

불평불만에 빠진 인생은 그야말로 발전할 수 있는 답이 없다고 보는 게 바른 것입니다. 한마디로 불평불만은 자신의 삶에 일도 도움이 되지 않습니다.

이 스승님은 뭐든지 받아서 챙겼기 때문에 불평불만 안 하고, 그 환경이 이루어졌기 때문에 그 어떤 환경이 누적돼서 이루어졌으니까 차원의 문이 열리고 차원 속에 들어가서 공부하는 환경도 나한테 주어진 것이다.

나는 준대로 받았지 차원에 들어가고 싶었던 생각이 있었던 사람이 아니다.

모든 주는 환경을 챙기면 그다음 길이 열리고 그걸 챙기면 그 다음 길이 열리는 것이지, 주는 걸 내가 불평을 해대면 거기서부터 더 나은 길은 안 나온다.

자연에서 나한테 0.1미리도 틀리지 않게끔 나한테 조건에 딱 맞게 주었는데 나는 세상을 불평하고 살면 너한테 준 조건을 챙길 수가 없다.

자신의 자리에서 보이고 들리는 것을 전부 다 챙겨가면서 공부를 했다면, 도인 중에서도 최고의 도인 자리에 올랐을 것이다.』

(유튜브 정법강의 3900강 중)

도인이 되기 위한 최고의 비법은 바로 자신의 자리에서 보이고 들리는 것을 전부 다 흡수하는 길임을 스승님께서는 당신을 시간을 빌어 말씀하신 것입니다.

그런데 실상 우리는 그렇지를 못합니다. 습관도 안돼있을 뿐더러 알지 못하기 때문이죠. 불평은 뭔가가 자신이 원하는 대로 되지 않을 때 나온다고 합니다.

지금의 환경은 디딤돌이지 결코 무덤이 아닐진대, 딛고 있는 자리를 탓하고 불만을 터트리는 행위는 자신에게 하나도 도움이 되지 않음을 알아야 합니다.

자신에게 주어지는 환경들을 자신의 입맛대로 가리다 보니 이것은 맞네, 저것은 틀리네 하면서 나오는 게 불평불만입니다.

영 자신의 마음에 들지 않는다는 거죠.

그렇더라도 자신의 환경을 인정하고 발전하려는 자세로 하나하나 받아들이다 보면 자신의 질량도 좋아져서 그 때마다 업그레이드가 되므로 결국 보다 나은 삶을 살 수 있게 자신도 모르는 사이 환경이 좋아진다는 것입니다.

쓰든 달든 먹어야 자신에게 이롭다는 점입니다.

자신 입장만을 내세워 좋은 것 나쁜 것을 가려 받아들인다면 자신은 결코 그 수준을 벗어날 수가 없게 되는 것입니다.

자신이 접하게 되는 환경이 무엇이든 마다하지 않는 삶의 자세야말로 대자연법에 순응하는 삶이라 할 수 있을 것입니다.

지금 자신의 삶이 비록 어려운 환경이지만, 그것을 불평하기에 앞서 인정하고 감사하며 이를 공부하며 노력을 다할 때 비로소 이를 일러 '하늘은 스스로 돕는 자를 돕는다'고 하는 것입니다.

누구나 자신이 스스로를 돕지 않고서는 잘 사는 법은 없음을 결코 잊어서는 안 될 것입니다.

나는 원리를 설명하는 것이다.

지금 직장에서 불만 있다고 당장 떠나라 하는 것이 아니다.

원리가 그렇다.

네가 불만할 자리 같으면 거기에 있지 마라는 거다.

네 인생에 도움이 되지 않는다.

밥은 먹고 살지 몰라도 네 인생에 도움이 되지 않는다.

내가 여기서 불만하고 있으면 이 조직에 이 사회에 지금 나쁜 행위를 하고 있는 것이다.

그러면서도 월급은 받아야 되겠고 돈은 벌어야 되겠고 불만은 해야 된다? 이것은 계속 쌓여가지고 네 인생에 엄청나게 힘든 사회가 앞으로 다가온다.

어떤 조직이 됐든 어떤 사회라도 내가 불만 있는 자리는오래 있으면 안 되는 것이다.

내가 다니는 조직에 내가 불만을 하려면 나올 준비를 하라.

그게 맞다. 불만을 하면서 거기 있지 마라.

너는 암으로 자빠져도 자빠지고, 네가 불만을 하면서 그쪽에 있었기 때문에 그 불만을 하면서 그쪽에 있었기 때문에 그 불만을 하면서 환경을 거기에 나쁘게 한만큼 너한테 다 돌아온다. (유튜브 정법강의 4535강 중)

자고로 똑똑한 사람이 불만이 많은 것을 주위에서 흔히 볼 수가 있게 됩니다. 그런 사람과 함께 해야만 되는 상황이라면 문제는 점차적으로 심각해지게 됩니다. 왜냐면 그의 탁함이 주위까지 탁하게 만들어버리기 때문입니다.

그렇게 되면 하는 일의 효율도 결과도 좋지 않게 되어서 도매금으로 싸잡아 매도될 수 있음을 간과해서는 안 되는 것입니다.

불평불만과 함께 쌓이는 것은 자신의 어려움이 그만큼 커지고 있음을 알아야 합니다. 그 어떤 불만이라도 자신의 환경을 어렵게 만들면 만들었지 문제를 해결하지는 못합니다.

우리의 삶에서 쓰레기가 우리 환경에 미치는 영향을 보면 알 듯이, 쓰레기는 주위의 환경을 어지럽히고 질 나쁘게 만듭니다. 하나의 쓰레기가 있게 되면 어느새 다른 쓰레기가 버려져서 쌓이게 됩니다.

회사나 사회도 마찬가집니다. 하나의 나쁜 언행이 나오면 그 뒤를 이어 덩달아 터져 나와 조직과 사회를 어지럽히고 어렵게 만드는 것을 그동안 우리는 많이 보아 왔습니다. 그만큼 우리사회에 불평불만을 품은 사람들이 많음을 보여주는 것입니다. 결코 바람직하지 않은 현상이고, 우리는 이에 대해 연구해서 바르게 잡을 수 있게 도와야 하는 이 사회의 주인이기도 합니다.

누구를 막론하고 불만은 이 사회에 나쁜 영향을 주어 언젠가는 그 대가를 받는 것으로, 모든 것이 끝난다고 보면 큰 착각입니다. 사회의 모순에 대해 방치나 무시로 일관한다면 그 또한 모순에 지나지 않을 것입니다.

이 사회는 어느 누구의 그들만의 리그가 아님을 알고 다함께 나서서 이 사회를 위하고 내 이웃을 위한다는 일념으로 건강한 사회를 위해 참여하고 행동해야 할 때가 이른 것입니다.

그럼에도 불구하고 나는 그냥 내 식대로 산다고 고집을 부리면 그 결과는 불을 보듯 뻔하게 될 겁니다. 이런 사람들이 어려움에 처하는 것은 자업자득이 뭔지를 모르는 경우죠. 자신이 뿌린 것을 그대로 아니, 열 배로 거두게 되는 것이 자연의 법칙이라고 합니다. 이것이 아니라면 우리는 선택을 해야 합니다.

바르게 갖추지 않아 불만을 해결할 수 없다면 차라리 다른 방안을 찾고 나서 떠나는 것이 현명한 것이라고 합니다.

중이 절이 싫으면 중 자신이 떠나는 게 맞다는 것이죠.

전혀 도움이 안 되는 불만을 멋모르고 계속 하다가는 어려움이 가중되고 끝내 병이 들어서야 비로소 그 대가는 참으로 혹독하다는 것을 알게 될 것이라고 합니다.

주어지지 않은 권리를 행하면 이 사회에 나쁜 환경을 끼친 것이 되어 삶은 더더욱 피폐해지고 결국 불행한 환경 속에 갇혀서 죽지 못해 사는 인생이 되고 마는 것임을 알아야 합니다.

'삶이 그대를 속일지라도'에 오래 머물수록 자신의 생은 좀을 먹는 것입니다.

불만 있는 자 시간 있을 때 스스로 떠나라. 알고 보면 이것이 바른 답입니다.

어제의 정보로 오늘 상대를 대하지 마라

지금 어떤 사람이 나한테 한 2년 전에 사기를 치고 갔다고 예를 들자. 사기를 치고 갔는데 내가 왜 사기를 맞았는지 공부를 안 했다면, 그러면 사기를 왜 당했는지 모르기 때문에, 저 사람이 다음에 2년 후에 나타나서 또 만났는데, 그전 일로 나한테 사기를 친 사람이라고 생각을 하고 저 사람을 그렇게 쳐다보는데, 그 사람이 나하고 얘길 하려고 들면 내가 피하려고 든다. 이렇게 되면 어떻게 되느냐, 네가 공부를 안 한 거다.

그래서 나타나는 현상이다. 사람이 한 번 어떤 일을 겪을 때에는 그것을 공부하라고 겪게 한 것이다.

무시를 당했을 때는 무시를 왜 당했는가를 공부하라는 것이고, 도둑을 맞을 때에는 이 도둑을 왜 맞았는가를 공부하라고 하는 것이다.

누구한테 욕을 한 마디 들었다, 이것은 지금 왜 내가 욕을 듣게끔 살았는가를 지금 짚어보라는 것이다.

상대가 정확하게 나한테 알려주고 갔기 때문에 그 사람을 고마워해야 하는데, 이것을 미워한다.

그런데 저 사람이 한 3개월 후에 또 만났는데, 전에 나한테 욕을 했으니까 아주 안 좋게 쳐다보는 거다.

그러면 이제 저 사람이 얘기하는 것을 안 좋게 받아들이게 된다. 흡수가 안 되는 거다. 이래서 작은 것을 가지고 따고, 그때부터 저 사람을 나쁘게 보지 않는, 이 대자연은 절대 나쁜 방법으로 나한테 다가오는 것은 단 한 가지도 없었다라는 것을 우리는 모르고 있다.

대자연의 법칙은 너한테 오는 것은 뭐든지 너한테 이로워지라고 오는 것이지 해롭게 되라고 온 것은 0.1미리 단 한 가지도 없다.

보이고 들리는 것은 전부 다 내 공부로 삼을 수도 있고, 상대가 나한테 나쁜 행동을 하고 간 것은, 내가 이런 것들을 겪어야 되게끔 지금 살고 있다는 것을, 지금 알려주고 있는 것이다. 이런 것을 우리가 바르게 처리를 못하고 공부를 안 했을 때, 그 다음에 더 큰 게 와서 나를 친다.

(유튜브 정법강의 2796강 중)

우리는 자신도 모르는 사이에 남들한테 이러저러한 이유로 '낙인'이 찍혀 있거나 또한 부정적인 이미지의 '낙인'을 찍고 있습니다.

아시다시피 낙인은 옛날에 대역죄 급의 죄를 지었을 때 당하는 그야말로 아주 고약한 형벌이었는데, 우리가 살고 있는 현대의 지금도 갖가지 이유로 상대에 대한 낙인을 찍고는 그것도 모자라 자신의 주변 사람들에게 확정적인 듯 악성 소문을 내고 다닙니다.

자기는 곧고 바른데 그 사람의 잘못이 너무 많다고 스피커를 켜고 심지어 도시락을 싸가지고 다니면서 험담을 늘어놓기 일쑵니다.

도무지 자기의 행동이 천하에 둘도 없는 바보임을 모르는 것이며 자신의 얼굴에 침 뱉기와도 같은 행동을 아무렇지도 않게 해대고 있는 것입니다.

자신의 갖춤의 질량에 따라 상대를 만난다는 것을 모르고 그냥 자기 자신의 감정에만 빠져서 저지르는 처사에 지나지 않는 것입니다.

나를 골탕을 먹인 사람이 더 똑똑한 줄을 모르기 때문에 그저 남 탓하기 바쁘게 살아가고 있는 것입니다. 옆에서 보기 참으로 안타깝기 그지없습니다.

지난날의 악연? 호연인 줄 모르고 늘 가슴에 달고 다니기 때문에 언제나 해묵은 감정을 털지 못하고 빠져서 시간 낭비를 하고 있는 것입니다.

이런 사람들은 대개 결과만 보고 있기에 그런 행동을 하게 되는 겁니다.

결과에 대한 원인을 찾지 않고 결과의 감정에 휘둘리다 보니 자기반성이나 공부의 기회를 놓치게 되어 자신의 발전을 도모하지 못하는 것입니다.

'실패는 성공의 어머니다.'라는 말처럼 나는 상대와의 인간관계에서 실패를 한 것이나 마찬가집니다.

그렇다면 성공보다는 실패에 집중해서 그 원인을 찾아내서 바로잡으려고 노력해야 또다시 실패하지 않게 된다는 것을 모르고 있는 것입니다.

일이든 사람관계든 마찬가집니다. 더욱이 우리 인간관계에서 과거에 집착한다면 더 이상 생산적이거나 발전적 희망은 없게 됩니다.

자신의 환경에서 접하는 인연은 하늘이 보내주는 것이고 그 인연을 어떻게 대하느냐에 따라 자신의 발전의 척도가 정해진다는 것을 명심해야 합니다.

인연은 자신의 환경에 따라 하늘에서 보내주는 인연이라고 합니다.

그러므로 오는 인연이나 가는 인연이나 잘 대해야 하는 것이 지금 자신의 몫이기도 한 것입니다.

과거의 도둑이 지금도 도둑질을 하는 사람이라고 볼 수 없는 것인데도, 그 한 때의 과거의 식에만 빠져 새롭게 다가온 인연의 진심을 지나치게 됨으로 해서 자신은 하늘이 보내준 인연을 잃게 되는 것입니다.

내게 인연이 다시 올 때는 그때보다 질이 떨어져서 오거나 아니면 발전해서 오게 되어 있으므로 내가 갖춘 질량의 척도에 따라 그를 바르게 대할 수가 있게 된다고 합니다.

그러므로 인연에 의한 흉복은 내가 짓고 내가 받는 것이 됩니다.

이때 바른 인성의 소유자라면 그 상대의 말에 귀를 기울여서 그의 변화됨을 알고 그를 도울 수도 있고 나를 살피는 계기가 될 수 있음에도 인연에 따른 공부는 안 하고 자신이 선의 전부인양 섣부르게 큰 소리나 치고 헛똑똑이로 살다가는 더 크고 매서운 일들만 마주하게 된다는 것을 명심, 또 명심해야 합니다.

인성을 바로 세우는 공부는 평생을 해도 넘치지를 않습니다. 인성을 바로 세우면 삶이 바르게 스스로 질서가 잡혀서 결코 허망하지 않은 삶을 살게 될 것이라는 것을 "바르게 사는 법-정법"을 듣고 공부하다 보니 비로소 나를 살피게 되면서 알게 되었습니다. 세상에서 변하지 않는 것은 아무것도 없습니다. 수축이냐 발전이냐의 차이가 있을 뿐입니다.

잘난 척하지 마라

우리 중에 잘난 척하는 사람은 잘난 사람이다.

잘난 사람이기 때문에 잘난 척을 하는 것이다.

그런데 잘난 사람은 잘난 척을 하면 안 되는데, 지금 잘난 척을 한다라는 것은, 잘난 사람이 자신을 갖추지 못했음에도 자신이 잘났고 싶은 것이다.

잘났지 못한 사람은 잘난 척을 절대 할 수가 없다.

자신은 원래 질량이 좋고 잘난 사람이 맞다.

그런데 이 잘난 것을 대접을 받으려면 자신의 실력을 갖추어서 사람을 이롭게 해야만 대접을 받는다.

이런 것이다.

갖추지 못한 지금은 잘난 척하지 마라.

네가 잘난 척하는 것은 모자라는 것이다.

모자라는 것을 표내는 것이다.

잘난 척하지 말고 하나라도 강의를 듣고 공부를 하라.

그리고 상대한테 내가 뭐라고 하기 이전에 그 사람 말을 잘 듣는 습관을 수

련을 하라.

상대의 말을 듣지 않고 어떻게 상대를 아는가, 상대의 말을 잘 듣는 사람이 상대를 많이 알 수 있기 때문에 그 사람을 위해서 행할 수 있는 일이 생긴다.

그 사람이 하는 말을 잘 듣고 나면 내가 너를 도울 힘이 스스로 만들어진다.

(유튜브 정법강의 4296강 중)

진짜로 잘난 사람은 남한테서 핀잔을 듣지도 않고 기피의 대상으로 전락하지도 않습니다. 잘난 것도 없는데 괜스레 잘난 척을 하다가 망신만 당하기 일쑤인 것입니다.

그런데도 자꾸만 잘난 척하는 사람은 자신만의 착각에 빠져 상대를 무시하며 자기만 똑똑한 줄 알기 때문에 일어나는 현상입니다.

진정으로 잘난 사람은 이미 인성을 갖추어 실력을 갖췄으므로 상대를 이해시키고 도울 수가 있겠으나, 알량한 자기상식의 지식만으론 열나절을 주장해도 결코 상대를 이해시켜 도울 수가 없기에 결국 잘난 척을 한 것으로 끝나게 되고 주위의 사람들을 다 떠나버리게 만드는 것입니다.

이런 부류의 사람들은 우선 공부를 해서 자신의 모자람을 채워 실력을 갖추는데 부단한 노력을 해야 하는데 그러하지를 못합니다.

우리 주위에서 일어나는 대표적인 잘난 척에 대한 사례는 쉬 볼 수 있습니다.

가령 여럿이서 대화를 하다 보면 자꾸 끼어들어서 어울리지 않는 말을 늘어놓거나 계속 자기의 생각을 주장하려고 할 때 누군가가 핀잔조로 한 마디하게 됩니다. '잘났어 정말'하면서 상대의 말을 억지로 끊곤 합니다.

이는 제발 좀 잘난 척하지 말라는 충고의 의미인데도, 이를 무시하고 앞선 행동을 반복함으로써 급기야 모두가 손사래를 치며 자리를 외면하는 웃지 못할 상황이 벌어지곤 합니다.

자신의 무지를 인식하지 못하기에 좋은 분위기마저 그만 판을 깨게 되는 우를 범하고 있는 것이지요.

진정으로 잘난 사람은 어디를 가나 귀한 대접을 받지만 잘난 척의 대명사로 통하게 되면 자신의 설 자리가 없어져서 소위 왕따 아닌 왕따를 당하게 되어 있은 것이 요즘 세상입니다.

갖춘 소질이 다를 뿐 자신이 갖춘 상식의 지식수준은 누구에게나 있으므로 도토리 키 재기처럼 별 차이가 없으므로 윗사람으로 대접을 해주지 않는 것입니다.

고로 자기 자신을 모르면 상대도 알 수 없어서 그만 실수를 하게 되므로 아는 체보다는 상대의 말을 잘 들을 수 있는 인성을 갖추는데 노력을 해야 합니다.

자신을 질량있게 갖추면 비로소 상대가 보이고, 들리고, 느껴지게 되므로 상대에게 대접을 받고 싶으면 반드시 자신을 갖추어야만 상대를 이롭게 도울 수 있다고 합니다.

이것이 틀림이 없는 대자연의 법칙이라고 합니다.

정법 나눔 공부와 연구 활동을 마치며

충청지역살리기운동본부의 주관으로 진행된 '정법 공부 및 연구' 과제 활동에 참여하면서 '바르게 사는 법'인 정법을 공부하다 보니, 예전에 들었어도 미처 알지 못했던 법의 깊이가 새롭게 이해하게 되는 계기가 되었습니다. 그중에 단연 가장 큰 깨달음은 바로 '정법은 자유다!'라는 것을 깨닫게 된 것입니다.

이는 잠시 뒤로 하고, 충청지본 가족의 '정법 공부 및 연구' 대회의 주제인 '하라, 하지 마라'라는 각 10문항씩에 대해 각 팀별로 연구 내용을 협력해서 융합하는 과정을 통해, 다시 재삼 강의를 듣게 되고 공부를 더 함으로써 또 새롭게 이해되는 경험을 통해, 우리 도반님들이 추구하고 갈구하던 기나긴 구도의 여정 끝에 찾아낸 것이 바로 이 정법이라는 것을 알게 되었습니다.

정법을 공부하고 어느 정도 질량이 차면 이웃과 사회를 위해 나누고 연구하라는 천공 스승님의 말씀이 무슨 의미인지는 이해했지만, 이렇게 막상 공부와 연구를 겸해서 실행하고 보니, 이번 행사에 참여하기를 참으로 잘했구나 하는 생각이 듭니다. 또한 이번 행사를 통해 충청지본의 열정적인 가족들을 만날 수 있었고, 우리 지역 도반님들과 즐겁고 유쾌한 시간을 갖게 된 점

또한 매우 의미가 있고 가치가 있는 만남이 되었다고 자부합니다. 같은 뜻으로 만나서 소통이 되면 얼마나 즐겁고 재미가 쏠쏠한지 겪어보지 않고서는 모를 일이었으나, 이를 직접 체험하고 보니 그간 정법을 주변 이웃들에게 전했음에도 불구하고, 아직까지도 자기 상식을 깨지 못하는 사람들을 생각하니 가슴이 너무 절절함을 금치 못하겠습니다. 그럼에도 불구하고 결코 포기하지 않으면 실패는 없다고 합니다. 아직도 아웃사이드에서 머물고 있는 그들도, 머지않아 반드시 바르게 사는 법을 찾아 스스로 우리 곁으로 오게 된다는 것을 의심치 않습니다.

우리 4조 아리랑 팀이 주제로 삼은 남 탓하지 마라, 불평불만하지 마라, 기복하지 마라 등등과 상대를 존중하라, 의논하라, 갖추어라 등등에 대해 왜 그렇게 해야 되는지에 대한 원리 공부를 통해 좀 더 확고하게 자리매김할 수 있는 시간이 된 것에 대해 제 개인적으로는 너무 큰 홍복이고 우리 정법 가족들한테도 남다른 감흥이 많았으리라는 생각이 듭니다. 저마다 갖춘 소질과 새로운 패러다임인 정법을 탑재해서, 이웃과 사회를 위해 어떻게 승화시켜 잘 쓰느냐에 따라, 우리 자신은 물론 우리의 이웃과 사회는 더 성장하고 더 발전하리는 것을 확신하고, 오로지 자신을 갖추기 위해 한 땀이라도 더 노력하려는 우리 정법 도반님들의 모습에서, 우리 사회의 미래가 아주 맑고 밝아지리라는 예견이 그리 과한 것만도 아님을 느낄 수 있었습니다.

인류의 홍복인 정법을 천손인 우리 홍익인간들을 시작으로 출발할 수 있었다는 긍지와 자부심을 가지게 된 것은, 천운이고 천복이라 할 수 있겠습니다. 우리 생애 정법을 만나서 받아들이고 공부하게 된 인연은 이생의 최고의 선물과도 같습니다. 지금까지 유튜브 정법강의 수가 약 1만 2천여 편에 이르며, 이는 그 무엇과도 비교할 수 없을뿐더러 무량한 가치를 내재한 가운데 생산이 되어, 수많은 회원들이 공부하고 공유하며 삶의 도를 구현하기 위해,

저마다의 환경 속에서 열정을 다해 노력하며 재밌게 살아갈 수 있는 환경이 조성되고 있습니다.

세상 만물이 비를 맞고 성장하듯, '우리는 바르게 사는 법' 정법으로 나의 질량의 밀도를 높이고 갖추어서 홍익인간의 생활도를 이루어서 이웃과 사회를, 나라와 인류를 이롭게 하는 삶을 펼침으로써 '조상의 빛난 얼을 오늘에 되살려, 안으로 자주독립의 자세를 확립하고 밖으로 인류공영에 이바지할 때다.' 이것이 우리가 이 땅에 와서 살아가는 이유이며 해야 할 일이라는 것을 스승님의 가르침 속에서 깨닫고 그렇게 되고자 한 땀 한 땀 노력을 다하고 있습니다. 이와 같은 과정을 겪다보니 어느 날 문득 깨닫게 된 것이 앞서 말한 '정법은 자유다!' 입니다.

이 시대를 살면서 누구나 성공을 좋아하고 자신이 손수 이루려고 합니다. 아시다시피 상식의 성공은 물질의 풍요를 이루어 어려운 이웃들에게 나누는 것을 최고의 덕목으로 삼습니다. 이는 결코 진정한 성공이라고 할 수 없다는 것을, 나는 정법을 접하고 공부하면서 깨닫게 되었습니다.

상식의 최상의 성공은 《성공의 과학》의 저자인 제임스 아더 레이가 역설한 '조화로운 풍요'를 갖추는 것이라고 볼 수 있습니다.

이는 자신의 지식, 육체, 정신, 사람관계, 물질적 풍요를 두루두루 조화롭게 갖추어 최상을 이루었을 때를 말합니다. 저도 한동안 성공에 대해 공부하면서 이 이상 더 나은 성공은 없다고, 이것이 최상이라고 믿고 그렇게 되고자 노력하는 와중에 이 정법을 만나게 되어 진정한 성공이 무엇인지를 깨닫게 되었던 것입니다.

진정한 성공은 그 속에 생명이 있어야 한다는 것입니다. 생명은 언제나 자유를 꿈꿉니다. '조화로운 풍요'에 대해 생명력을 불어넣으려면 정법의 법비가 있지 않고서는 불가능하다는 것을 알게 되었습니다. '하는 바 없이 하는 것'의 존재를 알아야만 정법의 최고 가치인 자유를 얘기할 수 있다고 봅니다. 천지의 기운이 그러하듯, 태양, 바람, 물, 흙의 가치가 바로 하는 바 없이 하는 세상 최상이요 무량의 가치가 있는 것처럼, 정법으로 생활도를 이루면 앞서 언급한 "조화로운 풍요"의 조건들을 자유자재하게 잘 쓸 수가 있으므로 정법의 정수인 자유를 만끽하게 될 것입니다.

일차적 조화로운 풍요에 정법을 융합하게 되면 비로소 이차적 생명체인 자유가 완성된다고 봅니다.

사람을 널리 이롭게 하는 진리의 완성! 즉, 자타일시 성불도를 이루게 되어 원시반본 할 수 있는 정법의 정수는 자유이며, 자유는 생명을 이롭게 하여 진정한 자유를 향유할 수 있게끔 할 수 있다고 생각을 합니다.

이것이 바로 우리가 공부하고 있는 진리의 지식인 '바르게 사는 법'인 정법입니다. 고로 '정법은 자유다!'

물론 '진리의 지식은 자유를 지향한다'는 대명제는 이미 스승님이 설하신 법문이기도 합니다.

다만 저는 진리의 지식을 총론적으로 말하는 게 아니라, 우리 생활도에서의 자유를 말하는 것입니다.

바른 생각을 바르게 실천하면 지혜의 열매가 열린다는 믿음과 자신이 갖춘 실력이나 능력의 크기에서 나오는 자유! 어느 것에도 매이지 않고, 누구에게든 의지하지 않는 오로지 본인의 자유의지에 의한 바른 선택이야말로 삶의 최고의 가치인 자유를 말하는 것입니다.

바른 갖춤을 실천하는 지혜! 이것이 진정한 생활도의 자유라고 생각합니다.

요 정도가 그간 정법 공부를 통해 배운 것으로써 우리의 이웃과 사회를 위한 메시지이기도 합니다.

우리가 이렇게 공부하고 나누며 깨닫는 것에 대해 우리 역사에 기록으로 남긴다는 것만으로도 큰 자부심을 갖게 됩니다.

3

가면과 본색에 나를 비추다

이웃과 사회로 눈과 귀를 열어야 한다

지금까지 우리 대한민국의 초고속 성장은 안타깝게도 부패가 염려될 만큼 물질만능주의를 낳고 말았습니다.

전후, 예상의 지식을 지렛대 삼아 물질창조를 바탕으로 저마다 황금의 성들을 경쟁하듯 지어내고는 그것도 모자라 더욱 더 크게 가지려고 밤낮없이 안달이 나 있습니다.

그러다보니 황금만능주의에 함몰돼 인성은 파괴되고 욕심의 블랙홀은 세상을 다 집어삼키려고 아우성을 치는 현실이 지금의 21세기 대한민국의 안타까운 병리현상입니다.

이러한 상황이 지속되면 결국 우리는 하루아침에 파국을 맞는 게 어쩌면 당연지사가 아니겠는가? 하는 생각입니다.

저마다 지식을 갖춘 결과 각계각층의 양보 없는 충돌과 갈등, 누적되는 국민들의 피로감 이로인한 불투명한 미래의 절망을 이해와 융합 그리고 희망찬 비전을 불태울 방법은 어디에 있는가?

우리의 모순들을 깨끗이 혁파할 지혜는 있는가? 에 대한 물음에 답을 찾을 때가 도래했다는 생각이고, 천만다행이도 이미 많은 사람들이 이에 대한 대안을 찾으려고 노력하고 노력한 결과 그 방법을 알게 되었습니다.

나 자신은 누구이며, 나를 갖추는 방법과 이웃과 사회를 이롭게 하는 방법을 알고 공부하고 연구하고 노력하는 사람들이 우리 사회에 점점 많아지고 있다는 게 지금 이 시점에서 천만 다행이기도 합니다.

이제는 나에게서 벗어나 이웃과 사회로 눈과 귀를 열어야 합니다.

그리고 이 사회를 위해 노력하는 사람들과 함께 하는 삶을 살아야 합니다.

이제는 실력을 갖추어야 한다

고생을 일부러 하는 사람은 없습니다.

다만 자신의 잘못으로 환경이 어렵다 보니 고생의 늪에 빠지게 되는 것입니다.

이런 사람에게는 '삶이 그대를 속일지라도'가 연속적으로 일어나고 있다는 것이 문제입니다.

그러나 이런 문제를 스스로 자각을 하기도 어렵거니와 설사 자각한다 해도 그 환경에서 벗어나기가 여간 어려운 일이 아닙니다.

요즘은 '꽃길만 걸으라'는 말을 자주 듣게 됩니다.

그만큼 요즘 살기가 어려워 고생이 말이 아니란 얘기가 되겠지요.

같은 일을 하면서 굳이 고생할 필요가 없는 것은 당연하나 안타깝게도 그 길을, 꽃길을 모를 뿐이니 어쩌랴.

그 길을 찾아 소위 '꽃길'만 걷기 위해서는 반드시 먼저 자신이 실력과 능력을 갖추어야 합니다. 그렇다보니 꽃길만 걸으라는 말은 지금은 고생하니 이제 곧 꽃길이 나타날 것이라는 위로의 축원에 불과합니다. 이런 말은 잠시 기분을 좋게는 할 수 있으나 근본적인 해결책은 되지 못합니다.

요즘 세상에서는 더 이상 자신의 삶을 운에 맡겨서는 도무지 발전할 수가 없습니다. 그런 시대는 이미 지나갔습니다. 한 뜸이라도 시간이 나면 더 나은 자신을 위해 무엇이든지 찾아서 자신의 실력을 키워야 합니다.

직장은 더 이상 고생길도 꽃밭도 아님을 알아야 합니다. 직장은 이 사회를 공부하는 곳이지 자신이 밥 먹고 잘살기 위한 곳이 아님을 알아야 합니다. 이웃들과 함께 하는 직장은 이 사회를 위해서 일을 해야 하는 공익의 장소이자 배움의 터입니다.

생각을 바꾸면 더 나은 삶이 펼쳐지고 바른 생각으로 정신이 바르게 되면 세상이 변하게 됩니다. 이는 고생스런 삶이 아닌 낙이 충만한 삶을 사는 시작이 됩니다.

정상은 새로운 비전의 시작이다

더 이상 오를 곳이 없는 정상은 뜻 있는 사람은 누구나 한 번쯤 서보고 싶어 합니다. 하지만 그것이 생각처럼 쉽지가 않다는 게 문제입니다.

그 어떤 분야가 되었든 간에 자신이 원하는 정상에 오르는 길은 때론 고통이 따르고 인내도 필요하며 불굴의 정신과 출중한 실력을 갖추어야 가능한 일입니다. 원하는 정상에 오르고자 할 때는 정상이 마침이 아니라 새로운 비전의 시작이어야 합니다. 그러려면 정상 다음의 비전이 명확해야 만이 오래 갈 수 있고 그 비전의 질의 양에 따라 드디어 누구나 인정하는 성공한 삶을 살 수가 있게 됩니다.

나는 무엇을 하기 위해 그 험난한 산마루라는 정상을 향해 도전하는가?

이에 대한 답을 명확하게 가지고 있어야 그 일이 가치가 있는 것입니다.

그렇지 않고서 정상에 대한 막연한 환상만 가지고는 어찌하여 그곳에 이른다 해도 뼈아픈 실패만이 기다릴 뿐이고, 그러므로 명분과 미래 비전이 없는 정상의 영광은 사상누각에 불과하게 됩니다.

참다운 정상은 큰 비전과 명분을 요구합니다. 정상의 자리는 누리는 것이 아니라 대의명분을 펼치는 곳이 되어야 합니다. 그러므로 정상에 오르고자 하는 당신에겐 세상에다 당당히 이야기 할 수 있는 대의명분이 반드시 준비돼 이어야 합니다. 그렇다면 그 길은 스스로 열릴 것입니다.

신 패러다임의 인성교육이 모순을 바로잡는다

우리 인류의 역사에서 떼려야 뗄 수 없는 것이 과학문명 입니다. 그러나 인간에겐 완벽한 과학은 아직까지도, 아니 어쩌면 영원히 주어지지 않을지도 모릅니다. 늘 빛과 그림자를 달고 탄생하는 것이 과학문명의 이중성입니다. 인간의 삶을 위해 창조된 도구들이 되레 인간의 삶을 파괴하기도 하기 때문입니다. 이렇듯 문명의·모순은 인간에겐 일상이 되어 버린 지 오래입니다. 결국 문명의 모순은 사람들의 모순이므로 이를 줄일 수 있는 해답은 사람한테 있다 할 것입니다.

사람한테 있는 선악의 모순, 논리의 모순을 바로잡을 수 있는 유일한 방안은 바로 신 패러다임의 인성교육 뿐입니다. 새로운 인성교육을 바탕으로 사람들의 모순이 바로잡히게 되면 문명의 모순도 바로잡히게 될 것입니다.

누구나 쓰는 가면

누구나 쓰고 있는 가면!

누구나 쓸 수밖에 없는 가면은 각계각층, 남녀노소를 불문하고 수없이 많이 있습니다. 그렇다면 사람들이 가면을 쓰는 이유는 무엇일까?

그것은 아마도 자신의 허점이나 상대와의 관계를 유지하기 위해서거나 또는 자신이 얻고자 하는 속셈이 있어서일 겁니다.

그러면 일심동체라는 부부지간에는 어떠한가. 서로 소통이나 대화가 없을 때 묻지마 가면을 쓰게 됩니다. 서로간의 불통은 불신이 원인이 되어 거짓의 가면을 쓰게 되어 설사 나중에 그 가면이 벗겨진다 해도 일단은 그 순간을 모면하고 싶기 때문입니다.

직장에서의 상사와 부하 관계에도 다분히 가면이 존재합니다. 이는 서로간의 믿음이 부족하고 서로가 보신의 가면을 쓰게 되는 것이며, 능력도 실력도 부족하고 먹고살려니 자리는 지켜야되고, 그렇다보니 삶이 그대를 속일지라도가 되어 가면을 쓰고 마지못해 직장 생활을 하고 있는 것이라고 합니다.

사회생활에 있어서의 개인은 어떤가. 관계에 의한 가면과 거래의 가면이 존재합니다. 좋은 관계를 유지하기 위해서 또는 자신의 이익을 위해서 서슴없이 가면을 씁니다.

그러나 가면의 관계는 분명 한계가 있기 마련입니다. 그러기에 '배신'의 결과를 받아들고는 비분강개하는 모습을 주변에서 자주 보게 됩니다. 그런데도 자꾸 가면을 쓰는 이유는 무엇일까요? 이는 어쩔 수 없는 자신의 환경과 관계가 있습니다. 자신의 부족한 무언가를 가려야 되고 그렇다고 있는 사실 그대로 밝혔다가는 망신살이나 왕따를 당하게 될 거라는 두려움이 일어 결국 가면을 쓸 수밖에 없는 것입니다.

그렇다면 어떡해야 가면을 스스로 벗고 쓰지 않게 될까? 에 대한 답은 분명합니다. 불편한 가면을 쓰지 않기 위해서는 먼저 자신의 부족함이나 어려운 환경을 개선하기 위해 스스로 노력하여 실력을 키우고 능력을 갖추는 것입니다.

그렇지 않고 가면을 쓴 채 대충대충 넘어가려 한다면 언제가는 발각이 되어 곤경에 처하게 될 것입니다. 그러므로 차라리 솔직하게 자신의 부족함을 인정하고 이제부터라도 노력하여 성실히 자신을 갖추는 길만이 자신을 살리는 길이요 신뢰를 쌓는 길이 될 것입니다.

미래의 세상은 자신이 갖춘 만큼 펼치는 시대입니다. 오로지 갖춘 자만이 가면을 벗을 수 있고 굳이 쓸 필요가 없게 되는 것이죠. 미래를 사는 사람은 누구를 막론하고 갖춤으로 자신이 쓰고 있는 가면을 벗어던질 때입니다. 지금까지 상식의 시대에는 이러저러한 가면이 통했지만 진리의 시대인 후천 미래에는 가면이 결코 통하지 않게 됩니다. 진리를 갖춘 사람에게는 당신의 가면이 훤히 보이기 때문입니다

모순은 모순을 낳는다

경제가 고도로 발전하면 사회는 더더욱 살기가 좋아져야만 되는데 안타깝게도 그렇지가 않은 것이 요즘 현실이며, 시대에 맞게 사람들은 더욱 똑똑해지고 또한 물질도 풍부하게 넘쳐나는데도 뭔가가 부족함을 느끼며 불안한 삶을 살아야 하는 모순이 나타나고 있습니다. 왜 그럴까?를 먼저 생각해 봅시다. 왜 우리는 현실이 불안스럽고 미래가 불안한가? 더구나 이러한 것들이 지금 우리 사회의 총체적인 모습이라는 게 더 큰 문제입니다.

세대 간 각계각층 간의 불협화음을 넘어 충돌까지 우려되는 상황입니다. 현재 우리가 겪고 있는 모순은 결과이기 때문에 분명히 원인이 내재되어 있다고 볼 수 있습니다. 모순의 원인은 뭔가 일의 시작이 잘못 되었음을 의미하는 것입니다. 이는 세대 간의 환경 속에서 각자가 최선을 다했지만, 생각처럼 모든 것들이 다 능사로 끝나지 않게 됨을 알자 허무와 분노가 뒤섞여 예서제서 불평불만이 터져 나오는 것입니다.

한때의 경제성장이 곧 행복의 열매를 가져다주지 않았음에, 받을 만큼 받은 지식을 소유한 자신의 의사가 존중되지 않고 있음에 불평과 불만이 쌓이고 소통이 되지 않다 보니 불통의 모순이 생겨서 이 사회가 갈라지고 있는 것입니다. 이렇듯 우리가 안고 있는 모순은 문명사회의 성장통이지만, 만일 이를 계속 방치하게 되면 치유가 불가한 사회의 암으로 악화될 우려가 큽니다. 하나가 모순이다 보니 열이 또한 모순일 수밖에 없습니다. 발전을 거듭하는 오늘 날의 문명사회에서 풍부한 물질을 잘 쓰면 사회가 이롭지만, 그만 물질에 빠져버리면 사리분별을 못하게 되어 정신마저 탐욕스럽게 변질이 되어 세상이 소란해져 바람 잘 날이 없게 됩니다.

문명의 발전과 풍요가 행복이 아닌 불평과 불만을 낳는 모순을 바로 잡으려면 정신계발을 위한 새로운 인성교육이 절실히 필요합니다. 빠르면 빠를수록 좋습니다.

인성교육은 바른 분별을 위한 교육이라고 말합니다.

지금까지 배운 도덕과 윤리의 교육은 아주 작은 예절지식에 지나지 않으므로 앞으로 미래의 바른 교육은 옳고 그름을 분별할 줄 아는 인성교육이 되어야 한다고 합니다. 이제부터는 바른 교육을 받아야 한다는 생각이 듭니다.

교육이 바르게 잘 되어야 모순이 생겨나지 않는다는 생각을 가지게 됩니다. 기초적인 학교 교육이 끝나고 성인이 되면 제일 먼저 받아야 할 교육이 바로 '홍익인간 인성교육'일 것입니다. 그래야 바른 삶을 살 수가 있고 인생을 행복하게 펼칠 수가 있으며 우리 사회가 모순 없이 바르게 발전할 수가 있을 것 같습니다.

미래의 리더상

세상에는 온갖 조직과 단체들의 있고 여기에는 그들을 이끄는 리더가 존재하기 마련입니다. 딴은 저마다 리더로서의 역할을 하고 있지만, 소위 무늬만 리더일 뿐이고 시대에 맞고 창조적이고 미래지향적인 리더십을 갖춘 리더가 혹여 얼마나 있을까요?

지금까지는 지식이나 물질을 많이 갖춘 사람. 즉, 힘의 리더가 조직이나 단체를 이끌어 왔다면 향후 미래시대는 '홍익인성'을 갖춘 사람이 리더십의 표상이 될 것입니다. 홍익인성이 없거나 부족한 사람은 결코 그 어떤 조직이나 단체도 이끌 수가 없을 것입니다.

홍익인성을 갖춘 사람은 자신의 삶 자체를 공도로 본다고 합니다. 이 공도의 세계관은 이웃과 사회로 확장된 세계관이며 그 크기가 확장될수록 가치가 더해진다고 합니다. 자신의 삶을 오로지 이웃과 사회로 향하면서 또한 이념을 지니고 반드시 실천하는 사람, 자신의 사보다는 공이 항상 앞서는 사람으로서 자신이 갖춘 신념이나 이념을 바르게 실천할 수 있는 역량을 지닌 사람이 앞으로 다가오는 미래 최고의 리더상이라 볼 수 있을 것입니다.

그런 사람을 멀리할 사람들은 없으며, 그가 하고자 하는 일에는 열일을 제

쳐두고 동참하게 될 것입니다. 이렇듯 리더는 홍익인성을 근본으로 한 리더십을 반드시 갖추어야 할 것입니다.

안목을 키워야 한다

안목의 사전적 의미는 '사물의 좋고 나쁨. 또는 진위나 가치를 분별하는 능력'을 말합니다.

뛰어난 재주에 탁월한 안목까지 겸비하면 그야말로 금상첨화요, 아름다운 옷에 날개를 다는 격이며, 가일층 경쟁력이 생겨 어렵사리 이룬 자신의 성공을 오래 유지할 수 있게 됩니다.

그러기 위해서는 자신이 취급하는 분야에 관한 모든 것들을 자신의 것으로 만들기 위해 끊임없이 계발하고 노력해야 합니다. 자신이 애써 갖춘 재주는 한계가 있기 마련이므로 그 재주만 믿고 살다가는 결국엔 밑천이 다 떨어져 낭패를 당할 수밖에 없을 것입니다. 재주를 곧잘 부리는 원숭이도 나무에서 떨어질 때가 있다잖은가. 더구나 사람 사는 세상은 어제 오늘이 다르게 변화가 빠릅니다. 그러므로 안목을 갖추지 않고서는 시간이 갈수록 치열해지는 경쟁사회에서 살아남을 수가 없으며 또한 재주가 뛰어날수록 자만과 오만을 항상 경계해야 합니다. 만일 그렇지 않고 순간 잘 나가는 재주에 취해 있으면 자신도 모르는 사이 도태되기 십상입니다.

그러므로 안목을 키우기 위한 부단한 노력이 필요하고 또 필요합니다. 안

목을 키우기 위해서는 자신의 전문분야에 관련된 것에 대한 선별적 흡수가 아닌 전체적으로 모두를 흡수해야만 가치를 바르게 할 수 있는 분별 안목이 커집니다. 내 입맛에만 맞고 내가 좋아하는 것들만 골라서 취하는 것이 아니라 수준의 높고 낮음을 떠나 전부 받아들임으로써 오만가지가 쌓이고 쌓여서 물리가 자동으로 일어나게 된다고 합니다. 이렇게 지속적으로 끊임없이 노력하다 보면 통찰력도 생기고 안목도 높아지게 되는 것입니다.

세상에는 버릴게 하나도 없음을 잊지 마시길 바랍니다.

바르게 대우해라

회사 직원들의 이직이 잦다면 그 회사는 심각한 문제를 안고 있기 때문에 별로 발전하지 못할 것입니다. 이직하는 직원들은 자신의 발전을 위해서거나 아니면 회사에 불평불만이 많은 경우가 대다수입니다. 직원들은 대개가 근무하면서 겪게 되는 회사의 환경에 대해 불평불만을 갖게 되고, 이것이 해소되지 않고 누적되다 보면 급기야 이직하게 되는 경우가 다반사입니다. 회사 측은 직원들이 질 좋은 환경에서 최선을 다할 수 있도록 만들어야 하는 책임이 있고, 또한 직원들은 회사의 성장과 발전을 위해 최선의 노력을 다할 의무가 있는 것이며, 이를 상생이라 합니다. 단순히 이윤을 맹목적으로 나누는 것이 상생은 아닙니다. 최선은 최고의 환경 속에서 나오며 최대의 결과를 낼 수 있습니다.

회사의 권위주의나 직원들의 노예근성은 구태이며 그야말로 쓸 데가 하나도 없는 적폐에 불과합니다.

회사나 직원은 하는 이상 줄 줄 알아야 하고 받는 이상 할 수 있어야 합니다. 회사의 성장과 발전은 회사만의 목표가 아니라 모든 구성원들의 공동의 목표여야 하며 그렇게 할 수 있어야 합니다. 회사 없이 직원이 있을 수 없고 직원 없이 회사도 존재할 수가 없습니다. 회사는 직원을 소중히 생각하고 그에 맞는 대우를 아끼지 말아야 합니다. 회사의 이윤은 직원들이 창출하고 완성하기 때문입니다. 또한 직원은 회사를 소중히 생각해서 주인의식을 갖고 맡은 업무에 충실해야 합니다. 회사는 자신의 창조적인 삶의 근본이 되는 곳이기 때문입니다. 흔히들 기업의 존재 이유는 '기업의 이윤'이라 합니다. 허나 이는 과거의 것이고 더 이상은 아닙니다. 미래는 다릅니다. 아니 달라야 합니다. 기업의 존재 이유는 첫째가 사람이어야 합니다. 소속된 직원이 이윤도 내고 그렇지 않게 할 수도 있기 때문입니다. 당연히 기업의 투자 핵심 가치도 사람이어야 합니다. 회사는 직원들은 사람으로 대우해야 되고 사람이 되게 이끌어주어야 합니다.

돈을 아끼면 사람을 잃고 사람을 아끼면 세상을 얻게 될 것입니다.

상대가 묻지 않는 것은 답이 아니다

낄 데 안낄 데를 분간하지 못하고 불쑥불쑥 끼어드는 사람을 오지랖이 넓다고 합니다.

오지랖이 넓은 사람은 어디를 가나 끼어드는 습관을 버리지 못합니다. 남들이 두는 바둑에 훈수를 하고, 남의 제사에 감 놔라 대추 놔라 참견을 마치 제 밥 먹듯이 하곤 하지요. 이런 류의 사람들이 환영을 받을까? 천만의 말씀입니다. 심하면 즉석에서 면박을 당하고 그 사람이 자리를 뜨면 기다렸다는 듯이 뒷담화가 무성합니다. 남은 반기지도 않는데 천방지축 온갖 참견을 하게 되는 이유는 무엇일까요? 이런 사람들은 자신의 갖춘 힘이 약한 사람들입니다. 자신도 모르면서 주체하지 못하고 잘난 체하다 망신만 당하고 얻는 것은 없게 됩니다. 주위에서는 이런 사람이 나타나면 피하려 하고 외면하려 합니다. 그렇게 되면 외면당하는 사람은 외롭고 사는 재미가 없어집니다. 그리고 오지랖이 넓고 아니고를 떠나 남을 간섭하면 안 됩니다. 왜냐하면 자신의 주권이 침해당하기 때문입니다. 쓸데없는 간섭은 상대를 존중하지 않기 때문에 일어난다고 합니다. 상대의 요청이 없이는 간섭을 삼가는 게 원칙입니다. 상대의 요청이 없는 것은 답이 아니기에 상대에게 도움이 되지 않는 것이며 상대에게 도움이 되지 않으니 내가 환영받지 못하는 것입니다. 사람과의 관계에서는 불문부답의 원칙을 지켜야 한다고 합니다. 즉, 묻지 않는 것은 답이 아니라고 합니다.

그러므로 쓸데없이 남의 일에 간섭하려 하지 말고 먼저 자신의 힘부터 갖추어야 할 것입니다. 자신에게 힘이 갖춰지게 되면 사람들은 굳이 오지 말라고 해도 스스로 다가올 것입니다. 갖춤이 있으면 상대와 소통이 쉬워지고 이해시키기도 쉽습니다. 힘을 갖춘다는 것은 단순히 경제의 규모나 학문 지식의 높고 낮음을 의미하는 것이 아니며 일차적으로 어느 정도 규모 있게 갖췄다면 이를 바르게 잘 쓸 줄 아는 것이 발전된 이차적 개념입니다. 일차로 갖춘 힘을 어떻게 분별하여 바르게 운용하느냐에 따라 그 효과는 엄청난 차이가 난다고 합니다.

애써 갖춘 힘을 바르게 운용할 수 있는 바름에 대한 지식이 없다면 지혜로운 일은 일어나지 않으며, 이는 껍데기만 갖춘 것이어서 진정한 힘을 쓸 수 없게 될 것입니다. 일차의 힘이 생겼다면 선지식인 스승을 만나 바르게 분별하는 지혜를 배워야 합니다. 지혜를 배우지 않고서는 인생을 제대로 푸는 답을 찾을 수가 없게 되며, 지금까지 열심히 갖춘 상식은 재주만 있고 지혜는 없는 것이어서 마치 부처님 손바닥에서 노는 손오공에 지나지 않는 것과 같습니다. 남을 간섭하지 않으려면 먼저 자신이 지혜의 힘을 갖추어야 할 것입니다.

권위는 실력과 능력으로부터 나온다

'자리가 사람을 만든다'고 한다. 사실일까?

이 같은 말은 과거에서나 통했던 말이며 지금은 모순에 지나지 않습니다. 앞서 말한 것은 다분히 무늬에 맞춰진 것뿐이고, 지금부터는 사람에 맞게 자리가 마련되어야 합니다. 자리는 소위 완장에 비견되곤 하며 또한 권위의 상징이기도 합니다. 자리는 곧 권위를 갖게 됨으로 사람들은 애써 그 자리를 탐하게 됩니다. 각종 이권이나 명예가 큰 자리일수록 달콤한 유혹을 뿌리치기가 쉽지 않아 자신의 갖춤을 잊은 채 꽃가마에 냉큼 올라타고 봅니다. 그렇게 욕심 내서 앉은 자리가 과연 빛나게 될까? 천만에 만만에 말씀이다. 자기 스스로 갖추지 않았다면 그 자리는 무늬만 번지르한 허울 좋은 도둑놈이 앉는 자리에 지나지 않게 됩니다. 사람들을 속이고 그 자리를 도둑질한 것에 불과하기 때문입니다. 그야말로 빈 수레마냥 소리만 요란하게 되어 사람들의 마음을 불편하게 만들 뿐입니다.

원래 자리는 역할을 위해 있는 것이고 그 역할은 실력이 차야 해낼 수 있는 것입니다. 갖춘 실력이 출중하면 그에 맞게 오는 것이 권위이며 삶도 빛나게 됩니다. 그러므로 어떤 자리에 어울리는 옷이나 입고 완장을 찼다고 해서 권위가 얻어지는 게 아님을 알아야 합니다. 능력을 갖추지 않은 채 잘못 앉은 자리는 자신은 물론 가족까지 망신살이 뻗치고 조상까지 욕되게 할 뿐입니다.

사회라는 곳에서는 선생님은 선생님다워야 되고 사장님은 사장님다워야 된다는 생각입니다.

뭐뭐 다움은 갖춤 없이 표출되지 않습니다. 특히 기업을 운영하는 사장은 자신이 중시하고 있는 일에 대한 실력과 실천해야 할 가치를 갖추고 있어야 합니다. 최고의 리더인 사장이 회사의 길을 열지 못한다면 회사의 발전은 정체되거나 결국은 난파당하게 될 것입니다. 수많은 기업들이 한순간 반짝이다 사라지고 마는 이유이기도 합니다.

그러므로 자리에 걸맞지 않는 사장이 이끄는 기업은 망하기 십상이며 기업이 망하면 그 책임은 고스란히 사장이 져야 하는 것입니다. 기업의 사장은 허드렛일로 아깝고 소중한 시간을 낭비해선 안 된다는 생각입니다. 기업의 일들은 상황과 격에 맞게 운영하면 될 것입니다. 각자가 맡은 일들은 그들이 책임지게 하면 되는 것입니다. 그렇지 않고 섣부르게 돕거나 간섭하면 괜한 시간 낭비이며 정력만 소모하게 되고 효과적이지도 않습니다. 직원들이 하는 일을 사사건건 간섭하기 전에 먼저 자신을 갖추는데 각고의 노력을 다해야 합니다. 갖추지 못한 사장의 권위를 누가 따르고 반기며 믿고 같이 할 사람은 그리 많지 않을 것입니다. 그러므로 사장이라는 자리에 앉아서 권위만 내세우기 전에 먼저 자신이 갖추어야 할 것들을 재대로 갖추어야 자신의 권위도 지켜지게 되는 것입니다. 그러므로 실력과 능력을 두루 갖추어야 자신의 권위를 지킬 수 있는 것이며, 이럴 때만이 질서가 바르게 되어 단체 구성원 모두가 편안하고 발전하게 되는 것입니다.

하늘은 스스로 돕는 자를 돕는다

어려운 환경이 지속되다 보면 자신도 모르게 무기력한 패배주의에 빠지게 됩니다. 지금 자신이 처한 환경은 과거부터 진행돼 온 것이지 어느 날 갑자기 재수가 없어서 닥친 것이 아님을 알아야 합니다. 자신의 환경은 본인이 과거부터 어떠한 생각과 행동들로 말미암아 지금의 환경으로 주어진 것이나, 이 때 중요한 것은 환경이 좋으면 좋은 대로 나쁘면 나쁜 대로 받아들이고 이렇게 된 원인 분석을 냉철하게 해봐야 합니다. 그렇지 않고서는 자신의 환경을 좋게 변화시킬 수가 없게 됩니다.

어려운 환경에 처한 사람들의 공통점이면서 아주 크게 잘못된 습관이 있는데, 모든 것을 남 탓하며 불평불만을 일삼는다는 것입니다. 가정사든 직장일이든 우리 사회 현상에 대해서 자기 뜻대로 세상이 돌아가지 않는다고 있는 불평 없는 불만들을 쏟아내기 일쑵니다.

그렇다고 해서 세상사나 뒤틀린 일들이 바로 잡힐 리 만무한데도 탓을 합니다. 하기야 어리석기 짝이 없는 사람은 부는 바람마저도 탓을 하기도 합니다. 그야말로 지나가던 개가 다 웃을 일이지요. 이렇듯 모든 번뇌의 근원이 되는 자신의 무명을 깨치지 못하는 한 어려운 환경은 돌고 돌아 반복이 된다는 것을 알아야 합니다.

자신의 환경은 오롯이 자신이 만들어 낸 것임을 알아야 하며, 평소 자신의 생각과 행동은 씨앗이고 환경은 열매인 것도 알아야 합니다. 이를 깨친 자라면 오늘만큼이라도 남 탓과 불평불만이란 불행의 씨앗을 심지 않을 것입니다. 자신에게 진짜로 이로운 것이 무엇인지를 깨쳐 알아야 합니다. 이득은 자기가 잘난 맛이라 좋아서 춤을 추고, 자기 손해는 남 탓이라고 여기며 화를 내고 불평불만을 때마다 쏟아내기 때문에 그 환경에서 마냥 벗어나지 못하고 있는 것입니다.

어떤 결과이든 모두 이유가 있기 마련이고 어려운 환경에 놓였다면 원인을 살펴보는 냉철함이 없이는 잘못된 환경을 바로 잡을 수가 없는 것입니다. 잊고 살지만 자연의 법칙은 자명 합니다. 즉, "콩 심은데 콩 나고 팥 심은 데 팥이 난다."이듯, 자신이 심은 불평불만은 씨가 되어 불행이라는 열매를 자신이 거두게 되는 것이므로 각고의 노력을 다해서 자신의 생각과 행동을 바꾸지 않는 한 어려운 환경은 계속되며 당신을 괴롭히고 쓰러트릴 것입니다.

그러므로 자연의 법칙은 한 치도 어긋남이 없습니다. 지금 당신의 환경이 어렵다는 것은 하늘의 벌이 아니라, 자연이 당신에게 준 기회이므로 진정으로 어려운 환경에서 벗어나고 싶다면 자신의 환경을 받아들이고 냉철하게 원인을 살피는 것을 우선으로 해야 현명한 것이며, 또한 바른 처방을 찾을 수 있게 되어 자신을 스스로 구하게 될 것입니다.

스스로의 노력 없이는 불행한 자신의 환경을 바꿀 수가 없습니다. '하늘은 스스로 돕는 자를 돕는다.'는 말은 변치 않는 진리입니다.

이상과 욕심은 질이 다르다

'이상'은 반드시 구체적인 실천방안이 있어야 하고 현재진행형일 때만이 비로소 '이상'이라 말할 수 있다. 그렇지 않다면 그것은 허구이며 욕심에 지나지 않는 것입니다. 자신의 이상을 실천하기 위해서는 능력과 실력을 적절하게 갖추고 있어야 가능하므로, 자신이 말한 것을 실천할 수 있고 어떠한 경우에도 흔들리지 않고 추진할 수 있는 능력만이 이상을 창조해 낼 수가 있는 것입니다. 한마디로 '무실역행'이 전제되지 않으면 이상은 실현불가능 하다고 보면 됩니다. 적어도 자신의 삶은 이상을 향해 철저히 정렬돼 있어야 합니다.

우리같이 홍익이념을 이상으로 세운 사람이라면 그 이념을 실천하기 위한 갖가지 필요한 준비와 더불어 하나하나 실천하고 목표를 달성하는 실력이 우선이며, 어떠한 경우라도 흔들림 없이 포기하지 않는 정신 또한 갖추어야 가능하다 할 것입니다. 필자 또한 홍익이념에 부합하는 '조화풍요 세인이행'이라는 우리의 이념을 세우고 그 삶을 실천하기 위해 하루하루 노력을 다하고 있는 중에 있습니다. 하고자 하고 가고자 하는 목표를 세워 달성하고

'갖춤을 완성하여 세상과 사람들을 이롭고 행복하게 하는 삶'이 '조화풍요세인이행'이며, 이를 펼치고 싶어서 정법을 공부하고 참다운 미래지향적인 삶을 실현키 위해 나 자신부터 갖추는 공부를 하며 성심으로 노력을 다하고 있습니다.

작든 크든 모든 일은 준비 없이 실천할 수 없으며 실천 없이 목표나 목적의 달성은 결단코 없다는 것을 잘 알고 있습니다.

말로만 논하는 이상은 욕심이고 실천하지 않는 이상은 한낮 꿈에 지나지 않음을 알아야 합니다. 당신은 삶에서 어떠한 '이상'을 가지고 있습니까?

욕심이 앞서면 보이지 않는다

나름 애써 찾는데도 왜 찾으면 보이지 않고 찾지 않았는데도 보이는 이유는 무엇일까요?

이치나 사물이 잘 보이고 안 보이고는 결과치이기 때문에 그때까지의 성실한 과정은 빠지고 욕심에만 온통 눈이 멀어 두 눈을 씻고 찾아봐도 보이지 않게 되는 것입니다. 이는 정작 필요한 과정은 건너뛰고 결과에만 집착하기 때문에 정확한 사리분별을 하지 못하게 되어 그런 결과를 얻게 되는 것입니다.

우연히 길에 떨어진 돈을 줍거나 캐기 힘든 산삼을 캤다고 해서 과연 이를 '복'이라 할 수 있을까요? 영양가가 있는 복은 우연히 얻어지지 않게 됩니다.

그런데도 인연이 있다면 그것은 필히 어떤 작용이 되어 자신에게 좋든 싫든 결과를 안기게 되는 것입니다. 세상엔 공짜가 없는 이치입니다.

내가 한 일이 아닌 것으로 얻은 것은 복 만으로 귀결되지 않습니다. 참된 복은 평소 자신이 주위 사람들에게 이로움을 행했을 때, 그 사람들을 통해 오는 것이 대자연의 법칙이라고 합니다. 이를 조금이라도 아는 사람일면 괜한 뜬소문에 혹하여 함부로 경거망동을 하지 않습니다. 만약 억지로 복을 찾는다고 해서 그 복이 온다면 어느 누가 굳이 힘들여 노력하겠습니까? 만일 그런 유혹에 쉽게 흔들린다면 가슴에 손을 얹고 생각해 볼 일입니다. 나는 과연 그 만한 복 받을 일을 했는가?를 말이죠.

자신의 갖춤이 약하면 미풍에도 풀잎처럼 쉽게 흔들리게 됩니다. 소위 재수가 좋아 어쩌다 공짜로 들어온 재물은 갖추지를 않아 잘 쓸 줄 모르면 자신만 다치게 된다는 것을 세간에 회자 되는 고액 복권 당첨자들의 예를 보면 잘 알 수 있을 것입니다. 많은 당첨자들이 종내는 돌이킬 수 없는 상처만 입은 채 후회와 회한의 구렁텅이에 빠져 있다는 것을요.

그러므로 속이 꽉 차게 갖춘 사람은 허투루 움직이지 않고 생각조차도 함부로 내지를 않습니다. 평소 착실하게 실력을 갖춘 사람은 여유가 있어 잘 보이는 반면에 그렇지 않은 사람은 욕심만 앞서 마음이 급하게 되어 허둥대다 보니 온 산을 휘젓고도 산삼 한 뿌리를 찾지 못하는 것입니다.

욕심은 일을 망치고 있는 고생 없는 고생을 자처하며 실제로는 눈곱만큼도 자신에게 득 되는 것이 없습니다. 준비되지 않은 것에 욕심을 내기 보다는 자신을 한 땀이라도 갖추는 게 우선입니다. 즉, 모든 일에는 자기 자신의 갖춤이 먼저입니다.

통찰력은 상대를 존중할 때 나온다

실력을 갖추지 않은 사람들이 흔히 하는 실수가, 소위 '장님 코끼리 만지기' 식으로 사물이나 사람들을 대한다는 것입니다. 내 앞에 온 인연을 섣부르게 편견이나 선입견을 가지고 대하면, 그 인연에 대한 진정한 가치를 알 수 없게 되는데도 말입니다. 가령, 거지가 인연으로 왔을 때 단지 그의 겉모습만 보게 되면 그냥 지나가는 거지에 지나지 않습니다.

그렇지만 통찰력이 있는 사람이라면 그의 언행을 자세히 관찰하는 것으로 상대에 대한 존중을 다 할 것입니다. 그렇게 함으로써 언뜻 보이지 않던 속에 것들을 알아볼 수 있게 되어 그의 진정한 가치를 알 수 있게 되는 것입니다. 여기저기 지천인 들꽃도 자세히 보면 이쁘고 아름답고 신비롭기까지 한데도 이를 무시하고 허투루 보아 넘기기 때문에, 그 꽃에 담겨진 아름다움과 향기를 느낄 수 없게 되는 것입니다.

내 앞에 온 인연을 존중하지 않고서는 자연이 보내준 인연의 복을 얻을 수가 없는 것입니다. 자신의 실력을 갖추지 않아 질량이 낮은 사람은 통찰력이 없어서 어렵게 오는 소중한 인연의 덕을 보지 못하게 됩니다.

그러므로 통찰력을 키우기 위해서는 인연이 갖고 있는 다양성을 예리하게 관찰하는 습관과 인연을 존중할 줄 아는 바른 인성을 갖추어야만 가능합니다. 그리고 바른 인성을 갖추기 위해서는 진리의 지식을 교육 받아야만 가능하며, 이런 바른 인성의 질량을 갖추지 않고서는 상대를 존중할 수 있는 힘은 나오지를 않게 됩니다. 진리의 교육을 통해 바른 인성을 갖추게 되면 대자연의 이치도 깨우치게 되어 자연이 인연법으로 주는 천재일우의 복을 온전히 받을 수 있게 되는 것입니다.

자신의 질량을 높이는 공부는 오직 진리의 지식을 교육받는 방법밖에 없음을 알고 끊임없이 노력하고 추구해야 합니다.

"상식의 지식에다 진리의 지식을 융합하면 물리가 터져 세상이 다 보인다"고 합니다. 당신이 무언가를 구하지 않는다면 결코 아무것도 얻을 수가 없는 법입니다.

지식인이 욕심내면 일을 그르친다

지식인은 사회의 완장이나 재물에 있어서 초연해야 제 할 일을 바로 알고 잘 할 수가 있습니다. 지식인은 '무소유'의 근본을 실천하는 삶을 살 때 티 없이 맑은 지혜가 나와 세상을 밝힐 수가 있다고 합니다. '무소유'라 함은 '무엇을 소유하되 사를 위해 쓰지 않고 공적으로 바르게 쓰는 것'을 말한다고 합니다. 지식도 사적으로 소유하거나 사용하면 욕심에 드는 것이고 이는 자신과 사회를 불행하게 만드는 것이며, 지식인은 사회를 통찰할 뿐 함부로 끼어들지 않아야 한답니다. 다만 길을 잃은 물음이 있을 때면 그에 맞는 답을 내놓을 뿐이라네요. 욕심은 지식인의 눈을 가린고, 눈이 가려진 지식인에게선 더이상 지혜가 나오지 않는다는 진리. 지혜가 없는 지식은 상식에 불과하여 생명력이 없어서 사회에는 아무 쓸모가 없게 됩니다. 지식으로 명예나 권력 또는 재물을 사적인 욕망에 휩싸여 탐하는 것은 허울 좋은 도둑놈이나 하는 짓일 겁니다. 그러므로 고도의 지식을 갖춘 지식인은 결코 허울 좋은 도둑놈이 되어서는 아니 되겠지요. 진정한 지식인은 진리를 찾기 위해 끊임없이 노력하고 갖춘 진리로써 이 사회와 나라와 인류를 위해 길을 내고 밝은 등불이 되어 빛나는 삶을 살아갑니다.

흥하려면 자신을 갖추어야 한다

우리 주변을 보더라도 자신을 바르게 갖춘 자가 망하는 법은 없습니다. 바르게 갖추기 위해 힘써야 할 요소는 건강, 지식, 물질, 인연의 풍요 등이 있고, 자신을 위한 작은 갖춤과 사회를 위한 큰 갖춤이 있을 뿐입니다. 자신이 갖춘 것을 누구를 위해 어떻게 사용하느냐에 따라 성장과 발전의 크기는 엄청난 차이가 나게 됩니다.

크게 성공하려는 자는 사회와 나라를, 더 나아가 인류를 향해 일의 관점을 두어야 합니다. 당연히 갖춤의 크기도 그에 걸맞아야 합니다. 지금까지의 성공은 물질의 크기에 따른 결과를 논했으나, 이제부터는 일차적 성공 위에 바른 이념을 갖추어 어떻게 이 사회를 위해 바르게 펼치느냐가 진정한 성공의 잣대가 될 것이라고 합니다. 자신의 갖춤을 더 많은 사람들을 위해 빛나게 쓰지 않고서는 크기에 상관없이 작은 성공에 머물게 될 것이며, 진짜 성공을 아는 자라면 사회적 성공을 지향하게 될 것이 자명합니다.

어느 한 분야의 단편적인 작은 성공보다는 두루두루 갖춘 성공이 사회를 더 크게 성장과 발전으로 이끌 테니 말입니다. 자신이 성공하여 혼자만 잘 먹고 잘사는, 그야말로 혼자서 북 치고 장구치는 것보다 더불어 성공하여 함께 나누고 같이 추구하는 일이야말로 발전적이고도 미래지향적인 성공 모델이라 할 수 있습니다. 일신의 보신을 위한 성공보다는 사회를 위한 성공을 지향할 때 성공의 크기는 더욱 커지고 의미는 더더욱 크고 깊어지게 됩니다.

자신의 삶이 흥망성쇠의 기로에 서지 않으려면 자신의 갖춤의 질과 크기를 발전시켜야 합니다. 그러기 위해서는 꾸준한 자기계발과 바른 인성을 반드시 갖추어야 합니다. 큰 물질을 바르게 운용하기 위해서는 바른 인성의 갖춤이 필수적이며, 바른 인성을 갖추기 위해서는 진리의 교육을 받아야만 가능합니다. 진리의 지식으로 바른 인성을 갖춘 사람이라면 심신의 건강은 물론 물질과 인연을 바르게 대하고 잘 쓸 줄 알게 됩니다. 지금까지의 상식의 지식만으론 물질과 사람을 바르게 잘 운용할 수가 없다는 것을 현재의 사회상을 보면 알 수 있을 것입니다. 건강과 지식 물질과 인연을 두루두루 풍요롭게 갖추었을 때, 비로소 이 사회와 나라와 인류를 크게 이롭게 할 수 있는 조건을 갖춘 것으로 볼 수 있습니다.

이럴 때만이 최고의 갖춤을 했다고 볼 수 있을 것입니다. 이처럼 조화로운 풍요를 갖추고 이 세상을 널리 이롭게 했을 때, 삶은 찬란하게 빛날 것이며 진정한 미래지향적인 성공자라 할 수 있을 것입니다. 아쉽게도 아직은 전인미답의 경우지만 언젠가 누군가는 이런 삶을 살 것이라고 믿어 의심치 않습니다. 이 글을 읽는 당신이 그런 사람이 되기를 진심으로 기대합니다.

가난한 자는 생각부터 바꾸어야 한다

가난하거나 환경이 어려운 사람은 자신의 발등에 떨어진 불부터 끄는 것이 상책입니다. 우리가 하는 흔한 얘기 중에 '없는 사람이 인정이 더 많다.'라고 합니다. 그러면서들 '사회는 아직도 살만하다.'고도 합니다. 그리고 부자들에 대해선 '너무 짜고 지독하다.'고 흉 아닌 흉을 보기도 합니다. 과연 이 말들이 맞는 말일까?를 심도 있게 한 번 사회적으로 토론을 해봐야 한다는 생각입니다. 내가 아는 바로는 이런 가난한 자들의 생각과 달리 부자들은 아주 셈이 정확하기 때문에, 소위 '떡고물'이 가난한 자기들 생각처럼 떨어지지 않으니 괜한 시샘의 불평불만을 토하는 것에 불과한 것입니다. 그렇다면 인정이 많은? 가난한 이들은 어떨까, 이들은 대부분 셈이 흐린 경우가 많이 있습니다.

그래서 있고 없고가 예서 확연히 드러나는 것이 아닌가 합니다. 적은 한 푼이라도 헛되이 쓰지 않으려는 것이 부자들의 공통된 습관이라는 것을 모르고들 하는 소리에 지나지 않는 것입니다. 이에 반해 인정이 많은 사람들은 기분에 휩쓸리거나 자신의 알량한 체면을 생각해서 대충대충 행동하기 때문에 쓸데없이 낭비하는 돈이 많아지고, 이로 인해 자신의 삶의 구멍이 숭숭

뚫리는 것도 의식하지 못하고 살고 있는 것이며, 거기에다 이 정도는 없어도 된다고 아무렇지 않게 낭비적 생각을 습관처럼 하는 것입니다.

이렇듯 바르지 않은 습관이 정작 자신의 삶을 좀먹고 있음을 빨리 깨닫고 고쳐야 합니다. 명품 물건을 사고 고급 식당을 이용하며 값 비싼 차량을 타는 부자들의 셈은 아주 정확하다는 점을 빨리 깨우칠수록 그 불평불만의 소용돌이에서 빠져나올 수가 있게 됩니다. 셈이 너무 정확한 우리 주위의 부자들의 행동을 보면서 딴엔 안타깝겠지만, 이는 다 쓸데없는 넋두리에 불과할 뿐, 정작 자신들에겐 전혀 도움이 되지 않는다는 것을 깨달아야 할 것입니다.

부자는 괜히 부자가 아닙니다. 또한 가난한 자는 다 그 이유가 있기에 각자가 처한 환경이 달라지게 됨을 알아야 합니다. 이를 빨리 깨달아 자신의 공부거리로 삼아야 성장과 발전이 있게 됩니다. 사회적 인간관계에서도 부자와 가난한 자는 질량의 차이로 인해 쉽게 어울릴 수가 없게 되어 있습니다. '끼리끼리 논다.'라는 말은 매우 바른 말입니다. 질량이 낮은 자를 굳이 따돌리지 않아도 몇 번 만나고 나면 스스로 못 어울리게 되는 것이 "대자연의 법칙"이라고 합니다. 이를 모르고 계속해서 이에 대한 불평불만을 해댄다면 그 사람은 자신의 어려운 환경에서 절대 벗어날 수가 없게 된다고 합니다. 그럴 시간에 한 땀이라도 자신의 갖춤을 위해 더 배우고 공부해서 갖추기 위해 노력을 다하는 자가 현명한 것이며, 가진 것이 없고 환경이 어려운 자는 첫째도 노력이요, 열도 노력이어야 합니다. 그것만이 자신의 어려운 환경을 바꿀 수 있도록 자신을 스스로 돕는 것이 되기 때문입니다.

그러므로 환경이 어려운 자가 자신을 바르게 안다면, 감히 남을 돕는다는 생각을 하지 않게 되고 오로지 자기 자신을 갖추는데 온 노력을 다하게 될 것입니다. 자신의 생활이 어렵게 된 자는 여유로운 자들에게서 많은 것들을 배워야 할 것입니다. 그렇지 않고 사회생활을 하면서 시시콜콜 자기의 값 싼 입맛을 얘기해선 자신의 삶에 어려움만 가중된다는 것을 명심해야 합니다. 안타깝지만 지금 다소 늦었다는 생각이 들더라도 새로운 삶을 향한 용기와 열정을 가지고 다시 시작해야 합니다. 위로의 명언이 있습니다. "늦었다고 생각할 때가 가장 빠르다."라는 말. 지금부터라도 시작하면 백은 아니라도 어느 정도는 할 수 있습니다. 누구나 생각을 바꾸고 행동한다면 변할 수 있을 것입니다, 아무 소용없는 불평불만의 무덤에서 빠져나오기를 바랍니다.

사회는 공동체이다

사회는 작든 크든 간에 인간은 사회생활을 통해 성장과 발전이 가능하기 때문에 사회를 통하지 않고서는 인간의 삶은 존립조차 하기 어렵습니다.

사회공동체는 인간 역사의 유산을 공유하고 함께 발전시켜야 하는 책임과 권리가 공존하는 곳 입이다.

그러므로 인간은 기본적으로 사회에 이바지하는 삶을 사는 것은 매우 당연합니다. 자신의 책임과 의무를 공동체인 사회에 전가해서는 안 되며, 더욱이 개인의 무책임한 일탈 행위를 위해 사회적 비용을 들게 하는 것은 심히 사회발전을 저해하는 것이 됩니다.

공동체 사회는 개인이 사람다운 삶을 살기 위한 절대 가치의 물이나 공기, 빛과 같은 것이므로 개인이 반사회적 행동으로 건강한 사회를 오염시켜서는 안 되는 것입니다.

개인은 건강한 사회를 위해 각자의 책임을 다해야 하고, 사회 또한 개인의 안락한 삶의 요람이 될 수 있도록 건강한 공동체에서 낙오되거나 일탈행위 없이 스스로 노력하고 성장할 수 있도록 돕거나 이끌어 주는 역할을 다함으로써 사회적 책임을 다해야 하는 것입니다.

갑과 을의 관계를 바르게 알라

질량의 법칙에 의해 결정되는 갑을관계는 상대와의 관계가 없으면 갑을관계는 일어나지 않는다고 합니다. 갑을관계는 사안의 환경에 따라 언제고 변한다는 점 또한 알아야 하고 무언가 부족하여 필요한 쪽이 을이 된다고 합니다. 이는 나이, 서열, 재력, 권력 등의 갑을관계 또한 상황에 따라 달라지기도 하기 때문에, 한 회사의 사장일지라도 개인적으로 직원들한테 부탁할 일이 있게 되면 이 역시 을의 위치에 서게 된다는 것입니다. 이 순리를 어기고 서열만을 앞세워 힘으로만 밀어부치게 되면 소위 '갑질'하는 사장이 되어 사회의 지탄의 대상이 되기도 하고 정도가 심하다 싶으면 패가망신도 감수해야 하는 세상이 되었습니다.

요즘 사회는 하루가 다르게 물질문명이 최고도로 발전함에도 불구하고 사람들간에 충돌이 잦아지고 커지는 이유는, 자꾸만 자기만의 식을 대입해 참견하고 주장하려는 데서도 오는 대립도 있겠지만, 대부분이 이 갑을관계의 본질이나 중요성을 깨닫지 못하는데서 그 원인이 있다고 할 수 있습니다.

서로가 갑을관계에 선다는 것은 어찌됐든 인연 중에 인연이므로 서로 책임과 의무를 다했을 때야 그 이후의 인연관계도 지속적으로 발전할 수가 있는 것입니다. 갑은 필요하다면 을을 존중하고 이해시켜서 바르게 이끌어 주는 것이 책임있는 자세이며, 을은 갑을 인정하고 배우려는 자세로 임했을 때 의무를 다하게 되는 것이고 이렇게 될 때 비로소 갑과 을은 진정한 공생관계로 발전할 수 있게 된다고 생각합니다. 그러므로 갑을관계는 경쟁이나 예속된 관계가 아님을 알아 서로 보완하거나 공생관계로 발전할 때 그야말로 세상 살기 좋은 우리 사회가 될 수 있으며 이 땅에 축복의 안녕과 아름다운 평화가 구현될 것이라는 생각입니다.

불평불만은 문제를 해결하지 못한다

지금까지 인류사회는 성장만을 지향해 왔기 때문에 그 속에 묻힌 모순을 다 끌어안고 오늘에 이르게 되었다고 합니다. 인류의 성장과 발전은 온갖 논리가 일어나는 가운데 이뤄진 것이며, 또한 수많은 모순도 낳게 된 것이라고 합니다. 인류사회가 대부분 사익에 취하여 저마다의 아전인수 식의 논리를 가지고 고도성장에만 눈이 멀다 보니, 그 속에서 잉태된 모순의 딜레마에 빠져 결국 이 사회가 큰 혼란을 겪고 있는 것이 아닐까 하는 생각입니다. 인류 물질문명의 발전에 모태가 된 지식은 많은 논리를 양산하게 되고 그 오만가지 논리들은 수많은 모순들을 낳게 만들었다고 합니다. 그러면서 이전 모순들은 인류 발전에 필요악으로 작용하게 된 것 또한 사실이며, 그 동안 인류가 정신없이 성장만 할 시기에는 모순은 그리 작은 흠에 지나지 않았을지도 모르나 현대사회에 와서는 사회 발전을 저해하는 사회의 암으로 악화되어 많은 문제를 야기하고 있는 것이 현실입니다.

논리는 편협적이면서 분열적인 요소가 많습니다. 이제는 이 모순들을 하나하나 바로잡아야 할 것입니다. 이는 이를 이용하는 인간들의 사적인 욕망에서 비롯된 것이라고 볼 수 있습니다. 인류 물질문명의 발전 과정에서 나타나 사회를 혼란에 빠뜨리는 모순들을 찾아내고 연구하여 답을 찾아 사회 불안을 해소하려고 노력해야 할 부류가 바로 이 시대를 사는 지식인들이라고 합니다. 이 사회의 어려움을 방지하면 제일 먼저 지식인들이 수모를 겪게 된다고 합니다. 적어도 이 시대의 지식인은 인류사회의 희생을 먹고 자란 사람들이기에 그 희생에 대한 보답을 반드시 해야 하는 것이 의무이며 운명이기도 하답니다. 잘 나면 잘난 만큼, 부자면 부한 만큼 그리고 배운 자는 배움의 크기만큼의 의무가 존재한다는 것이 이 대자연의 법칙이라고 합니다. 그럼에도 불구하고 지식인이 자신의 본분을 망각하고 한낱 자기 욕심에 빠져 길을 잃는다면 인류사회는 희망이 없이 추락하게 되겠지요.

자고로 똑똑한 지식인은 사사건건이 시시비비를 하며 불평불만을 사회에 쏟아내지만 지혜가 있는 지식인이라면 이 사회의 모순들을 연구하고 해소할 답을 내놓기 위해 노력해야 하는데, 아쉽게도 현재의 사회에는 전자의 지식인들만 넘쳐나는데다가 활개까지 치고 있어 사회적 불신으로 인한 혼란과 불통의 벽은 점점 더 두꺼워지고 있는 게 현실입니다. 똑똑한 지식인들이 저마다 잘났다고 입을 대면 이 사회는 바람 잘 날이 없게 되며, 마치 사공이 많아 배가 산으로 가는 것과 다름없는 것입니다.

앞으로 미래시대에는 지혜를 갖춘 지식인을 필요로 하고 있음을 알아야 합니다. 이 사회를 연구하고 돌출된 현안의 모순을 해소해 사회가 바르게 가고자 하는 방향으로 평화로이 행진할 수 있게 이끄는 바른 인성을 갖춘 지식인이 앞서 말한 지혜로운 지식인입니다. 일방적 주장이 아닌 대화를 하며 불통이 아닌 소통을 하고 분열이 아니라 통일을 담아낼 수 있는 지혜로운 지식인들이 많아져서 머잖아 우리나라는 물론 인류 평화의 시대가 열렸으면 더할 나위 없이 좋겠습니다.

바른 혼이 있는 지식인이라면 적어도 이웃과 사회와 나라와 인류를 위해 무엇을 해야 하는가? 정도는 항상 가슴에 달고 살아야 된다는 생각입니다.

이제는 자기 상식의 똑똑함만 가지고는 터럭의 모순조차도 해결할 수가 없을 것입니다. 그러므로 바른 갖춤이 없으면 자신과 사회적 그 어떤 불만도 해결할 수 없음을 명심해야 될 것입니다.

지금 우리가 가지고 있는 모순들

우리나라 사람들은 남들이 잘되거나 사촌이 땅을 사는 데도 배가 아픈 심리가 만성화 되어 있고 심지어 남의 불행은 나의 행복이라는 말도 대수롭지 않게 오간다. 갈수록 태산이라더니 우리 인간들의 지식이 높아지고 현격히 발달한 현대문명사회에서 이 현상은 더욱 두드러지게 나타나고 있는 것이 국가적으로나 민족적으로 볼 때 심히 우려되는 게 사실입니다.

우리들의 심리 저변에 깔려있는 배타적 언행들은 우리의 발전을 저해하고 급기야는 진퇴양난의 어려움에 처하게 될 것입니다. 우리는 어쩌다 이 지경에 이르렀을까요?

말은 씨가 되고 씨는 열매로 나타난다는 것이 진리입니다. 뿌린 대로 얻는 것입니다. 소위 말이 망하면 나라에 망조가 든다고 합니다. 타인을 험담하고 깎아내리고 인정치 않고 존중할 줄 모르는 습성은 우리가 사는 사회는 물론 크게는 인류사회까지도 병들게 할 것입니다. 결코 바람직하지 않는 배타적 심리가 우리사회에 만연하게 된 이유는 교육의 질에서 찾아야 할 것 같습니다. 작게는 가정교육에서부터 더 나아가 나라의 교육 정책의 실패에서 그 원인과 치료책을 찾아야 될 것입니다. 교육은 백년지대계인만큼 한 나라의 흥망성쇠와 깊은 관련이 있다고 할 수 있습니다. 그 만큼 나라의 근본은 교육에 있음을 말합니다. 지금까지 우리나라 교육은 성장에 초점을 맞췄기에 질보다는 양에 치우친 나머지 지금의 심각한 병리현상에 빠지게 된 것입니다.

오직 내 자식만 잘되면 그만이라는 우리 부모들의 안일한 인식이 이런 저급한 사회를 만드는데 일조를 했다고 해도 과언은 아닐 것입니다. 내 자식만이 오직 최고여야만 하는 세태에서 상대를 존중할 줄 아는 포용력이 높은 사회가 되기를 바란다는 것은 그야말로 백년하청일 것입니다.

적당한 대책도 없이 무조건 남을 헐뜯고 비난하는 당사자는 기분은 좀 풀릴 줄 모르겠으나 한 가지 잊고 있는 점이 있습니다. 좋은 말은 좋은 일을 부르고 나쁜 말은 나쁜 일을 부르게 된다는 것을. 뭐든 쌓이고 쌓이다 보면 넘치게 되는 것이 진리입니다.

그러므로 나쁜 기운이 차서 넘치게 되면 자신을 고통의 구렁텅이로 밀어넣게 되는 것입니다. 사회의 세포가 하나라도 더 병들면 그 만큼 사회는 더 어려워지는 것이 됩니다. 우리 사회에 병든 세포가 자꾸 많아지게 되면 이 사회가 어찌 제대로 돌아가겠는가. 나 하나쯤이야 라는 평소의 생각을 바꿔 나 하나부터라도 먼저 이웃과 사회를 위한다는 생각으로 바꾸는 노력이 필요한 때입니다. 물론 말처럼 한 순간에 생각을 바꾸기란 여간 어려운 게 아닙니다. 오랜 시간 상당히 고착된 생각을 바꾸기 위해서는 지금까지 상식의 지식만으로는 턱없이 부족합니다.

상식은 동전의 양면성과 같습니다. 아시다시피 상식은 모순을 동반하기 때문입니다. 우리 한국인이 약점을 갖게 된 것 또한 상식이 낳은 모순이며 이 모순은 날이 갈수록 상식이 상식화가 될수록 강해져서 이 사회에 주는 충격파가 너무나 강하게 나타나는 게 오늘의 현실이 됐습니다.

그렇다고 사회 탓만 하면서 뒷짐 진 채 그저 강 건너 불구경 하듯 두 손 놓고 바라만 보고 있기에는 애석하게도 시간이 별로 없는 것 같습니다. 그러므로 누군가는 상식을 깨고 모순을 바로잡을 수 있는 새로운 지식을 찾아 생각부터 바꾸고 하나하나를 행동으로 바르게 해 나가야 될 것입니다.

우리 한민족은 너나 할 것 없이 인류공영에 이바지하고 이끌어나가야 할 역사적 사명을 안고 태어난 사람들이라고 이미 어려서 배운 바가 있습니다. 그렇게 했을 때 조상의 얼을 빛내고 민족의 중흥을 일으킬 수 있을 것입니다. 이제는 지금까지 고질적이고도 고착화 된 상식의 생각을 바꿀 수 있는 새롭고 질 높은 교육을 위한 새로운 패러다임의 지식이 반드시 필요합니다. 지금까지 우리가 갖춘 상식의 지식은 더 이상 미래 평화시대를 위한 대안이 되지 못한다는 생각이 듭니다. 오직 새로운 진리의 지식만이 인류를 구하게 될 것이라고 합니다. 이는 종교적인 차원을 얘기하는 것이 아닙니다. 그 이상을 말합니다.

이러한 때 우리에겐 아주 천만다행스럽게도 인류가 그토록 애타게 찾던 진리의 지식이 정법正法이란 이름으로 우리 곁에 다가와 있습니다.

이 시대 새로운 패러다임인 정법은 대자연의 법칙으로써 지금까지의 상식을 깨고 파생된 모순을 바로잡을 수 있는 유일하고도 마지막인 진리의 지식이라고 합니다. 그야말로 모순 덩어리 천지인 오늘날의 사회를 바르게 바꿀 수 있는 방법은 단 하나, 새로운 진리의 지식을 기반으로 하는 홍익인간 인성교육밖에는 없다는 것이 나의 생각입니다.

이 시대 새로운 패러다임인 이 진리의 지식으로 인성교육을 통하지 않고서는 우리가 애타게 염원하는 인류평화는 요원하기 때문입니다. 더 나은 미래를 위해 우리들의 자랑스런 후손들을 위해 새로 시작해야 하는 대전환점에 지금 우리가 서 있는 것입니다. 나부터 먼저 시작할 것인가, 아니면 그냥 눈을 감을 것인가를 선택해야 합니다.

윗물이 맑아야 아랫물도 맑다

우리 부모들의 간곡한 소망은 자나 깨나 내 자식들이 잘 사는 것이다. 심지어 죽을 때까지도 그러한 마음을 내려놓지 못한다. 사는 동안 뜻대로 되지 않는 것이 자식 농사라면서 푸념에 장탄식을 토하곤 한다. 하기야 자식이 있는 부모라면 누구나 가질 수밖에 없는 것이 인지상정의 마음일 것입니다.

그러나 이 같은 부모들의 언행에는 미처 부모들이 살피지 못한 것이 있는데, 이는 부모 자신들이 행복해야 그 자식들도 덩달아 행복해질 수 있다는 점입니다. 그런데도 왜 그럴까요? 안타깝게도 그것은 부모 자신들이 행복해야, 즉, 윗물이 맑아야 아랫물도 맑다는 법칙을 잊은 데서 오는 오심인 것이죠. 자신들이 행복하지 못하기 때문에 자식들만큼은 제발 행복하게 살기를 바라는 마음에서 걱정에 조바심을 내는 것에 지나지 않은 것입니다. 앉으나 서나 오직 자식 걱정만 할 게 아니라. 그토록 소중한 자식들의 삶이 행복해지기를 소망한다면 먼저 부모 자신들이 행복하게 살아야 합니다. 그럼에도 그것을 모르기 때문에 아무 쓸데없는 근심과 걱정을 하고 있는 것입니다. 적어도 제대로 된 바른 부모라면 그 걱정할 시간에 자신부터 돌아보고 모순을 찾아 고치려는 노력을 하는 게 이치에 맞는다 할 것입니다. 그러나 요즘 우리부모들을 보면 하나같이 자식들의 미래의 삶에 대해 지나치다 싶을 정도로 근심걱정을 많이 하고 사는 모습들을 주위에서 흔하게 볼 수 있습니다. 누가 뭐래도 내 자식만큼은 오직 꽃길만 걷길 바랍니다. 이런 부모 마음과는 달리 뜻대로 되지 않는 세상에 대해 불평불만을 쏟아내기를, 세상은 이래서 맘에 안 들고 자식은 저래서 성에 차지 않는다고 푸념하기 일쑵니다.

그러나 그것은 착각이지요. 세상을 바르게 볼 줄 몰라 바르지 않은 생각에서 나오는 불편함이지요. 부모들의 걱정으로 자식들의 삶이 좋아지거나 행복해지기를 바라는 마음은 십분 이해하나 그냥 이해하고 넘어가기엔 문제가 가볍지가 않습니다. 딴엔 자식들을 위한답시고 하는 언행은 심하게 말하면 마녀가 하는 주술행위에 지나지 않는 것입니다. 걱정은 걱정을 낳지 행복을 낳지 않거든요. '뿌린 대로 거둔다'는 것을 하루라도 빨리 깨달아야 합니다. 이렇듯 윗물인 부모가 행복해야 아랫물인 자식이 행복해지는 법을 알게 되면, 자식의 일에 함부로 간섭하거나 입에 올리지 않을 것입니다. 사랑하는 자식을 위해 그저 관심을 갖고 지켜봐 주는 것이 오히려 자식을 돕는 것이 되는 겁니다. 그러므로 부모한테 자식이 먼저 묻지 않는 것에 대해 부모가 먼저 나서서 이래라 저래라 간섭하거나 이것이 답이다 라고 내놓게 되면 그것이 곧 실수하는 것이며 바르지 않은 것이 됩니다. 자식의 부족함에 집착하기 보다는 부모 자신의 행복에 초점을 갖고 노력하는 것이 자식 행복의 지름길이고 바른 것이라 할 수 있습니다.

국민과 지도자의 관계도 마찬가지입니다. 행복을 갖추지 않은 자가 국가의 지도자로 나서게 된다면, 국민들도 결코 행복할 수 없는 것입니다. 인류의 지도자 민족인 우리 대한민국의 지도자가 되려면 먼저 지도자 자신이 행복한 후에 나서야 할 것입니다. 그래야 국가도 발전하고 국민들도 행복해질 것입니다.

착함과 바름에 대해

누군가 서로 싸우면 둘 다 똑같은 사람들이고, 하나가 참으면 그 참는 사람을 일러 착하다고 합니다. 과연 맞는 말일까요? 이에 대한 바른 분별이 필요합니다. 화를 많이 내며 시비를 거는 쪽에선 뭔가 그럴만한 이유가 있을 것이고, 한 발 물러서는 쪽도 다 이유가 있는 것입니다. 즉, 이 둘 사이에는 모순이 있다는 것입니다. 마구 윽박지르며 화를 많이 내는 사람이 70프로 정도 잘못이 있고 뒤로 한 발 빼는 사람에게도 30프로 정도의 잘못이 있기에 트러블이 발생한 것이라고 합니다. 그러므로 제삼자의 입장에서 누구는 나쁘고 누구는 착하다는 결론은 사리에 맞지 않는 것을 정법 공부를 통해 알게 된 정의입니다. 화를 크게 내는 사람은 그 사유에 대한 이해가 부족한 것이며, 가급적 참으려고 하는 사람은 상대를 이해시킬 실력이 없음으로 인해 지금 그 사달이 벌어지고 있는 것입니다. 결국 이해 못한 자와 이해시키지 못한 자 간의 오해로 빚어진 현상이 나타나고 있는 것입니다. 친한 친구가 됐든 지인이 됐든지 간에 서로 이해타산에 따른 분쟁의 소지는 항시 발생할 수 있는 것인데, 우리는 평소 바른 분별력이 없어서 잘못된 판단을 내리고 있는 것입니다. 흔히 하는 양보도 힘이 없어 양보하거나 배려하는 것이지 바른 것은 아니라고 합니다. 더욱이 착한 것은 더더욱 아닌 것입니다. 명분도 없는 배려와 양보 이전에 상대를 이해시킬 수 있는 실력을 갖추는 것이 우선일 것입니다. 실력을 제대로 갖추고 있었더라면 참는 나는 착하고, 그렇지 않은 상대는 그저 나쁜 사람이라는 멍에는 쓰지 않을 것이기 때문입니다. 이렇듯 시비가 걸린 두 사람 사이에는 분명 모순이 존재하고 있음을 명심해야 합니다.

나의 모자람이 다른 사람들로 하여금 만용을 불러일으키게 해서는 안 되는 것이며, 조롱당하는 약한 체력을 보강하려는 노력이 없다거나, 상대를 존중하려는 인성을 갖추지 않는다면 우리가 사는 세상은 모순의 소용돌이에 빠져 항시 소란스러울 수밖에 없을 것입니다. 모순은 선도 아니고 악도 아닙니다. 선악 이전에 바른 인성의 문제입니다. 세 살 적 버릇 여든까지 간다고 합니다.

어릴 적부터 바르게 성장할 수 있도록 바르게 가르쳐야 합니다.

그러므로 이제는 학교 현장 교육도 '착하게 살라'가 아닌 '바르게 살라'로 바뀌어야 합니다. 교육은 백년지대계라고 하는데 지금까지와 같은 교육으론 우리의 미래가 결코 밝다고 할 수는 없습니다. 우리 아들딸들이 그냥 착하게 길들여지기 보다는 바르게 자신을 갖추고 성장할 수 있게, 새로운 패러다임의 인성교육을 찾아서 연구하고 확립해가는 노력이 절실히 요구되는 시대가 되었습니다.

바른 교육만이 제대로 된 복지사회를 만들 수 있고, 그렇게 할 때만이 우리 사회가 밝고 평화로운 세상으로 발전할 수 있을 것입니다.

나를 갖추면 좋은 인연은 스스로 온다

우리 인류 역사는 실력을 갖춘 사람들에 의해서 성장하고 발전해 왔습니다. 자신의 실력으로 인류를 이끌고 빛낸 사람들이 위인이 되어 하늘의 별처럼 인류사에 밝게 빛나고 있는 것입니다. 실력이 있는 누군가의 삶은 빛이 나고 그 빛은 누군가의 희망이 되고 삶이 되기도 하였습니다.

사람은 누구를 만나느냐에 따라 팔자가 바뀐다고 합니다. 이 말은 우연을 가장한 횡재나 행운을 뜻하는 것이 아닙니다. 좋은 인연을 만나고 싶다면 의당 내가 먼저 실력을 갖추고 있어야 하며, 실력이 출중한 사람이 보잘 것 없는 실력자를 만나고 싶은 마음은 그리 많지 않을 것입니다. 재능의 실력이야 좀 이끌어줄 수는 있겠지만 인성의 실력을 갖추지 않은 사람을 굳이 시간을 내서 같이 하려고 하는 마음은 애당초 없을 것입니다.

북극성이 여행객들에게 길라잡이가 되는 것은 빛을 발하기 때문입니다. 빛이 없다면 여행객들에겐 무용지물이 되어 길라잡이로 삼지 않을 것입니다. 이처럼 사람에게도 빛과도 같은 실력이 출중하면 먼데서도 스스로 찾아올 것입니다.

실력이 있어 빛나는 삶을 살 때 그에 맞는 인연들이 다가오며 나와 좋은 인연 관계를 유지 발전할 수 있을 것입니다. 제아무리 재주가 뛰어나고 많은 지식을 배웠더라도 그 사람의 품성이 갖춰지지 않았다면, 그와 인연을 맺고 싶어 하는 사람은 매우 드믈 것입니다. 잘난 사람이라도 사람이 되어야 하고 많이 든 사람이라도 사람이 되어야 합니다. 된 사람이란 인성을 갖춘 자를 의미하며, 자비도 사랑도 인성을 갖추지 않고서는 실천할 수가 없게 됩니다. 그러므로 좋은 인연을 만나 필연으로 맺어지려면 우선 나 자신의 갖춤이 선행되어야 할 것입니다.

인간은 태어나서 인류의 지식을 습득해서 좋고 나쁨을 알게 되고, 기본적인 지식을 갖춘 인간이 인성교육을 통해 사람으로 성장하고 발전할 수 있게 되는 것입니다. 소위 '사람답다.'라고 말하는 것은 인성교육을 통해서만 가능한 것입니다. 동물적인 인간과 인성교육을 받아 사람이 된 사람의 차이는 그야말로 하늘과 땅의 차이만큼 크다 할 것입니다. 사람이라면 무릇 바른 인성으로 타인의 삶에 좋은 영향을 끼쳐야 하겠지요. 인성을 갖추지 않은 사람은 동물적인 삶에서 벗어날 수 없으며 아주 안타깝게도 똥오줌조차도 제대로 못 가리는 삶을 살게 됩니다. 인성을 갖추는 것이 곧 실력을 갖추는 것입니다. 미래 시대는 기술인 재능이 대세가 아니고, 인성을 갖춘 실력이 대세가 될 것이라고 합니다. 실력을 갖춘 사람만이 자신의 삶을 자신이 원하는 환경으로 바꿀 수 있으며, 미래지향적이고도 발전적인 삶을 지속적으로 영위할 수 있고, 이에 더해 좋은 인연을 부르는 빛나는 에너지가 될 것입니다. 실력은 자신도 돕고 타인도 도울 수 있는 극히 이로운 에너지입니다. 실력이 낮은 사람의 삶은 매사가 일장춘몽에 지나지 않으나, 실력이 출중한 사람의 삶은 우리 인류 발전에 크게 기여해서 빛나게 되므로 위대한 위인으로 인류 역사에 길이 남을 것입니다. 저 하늘의 밝게 빛나는 별처럼 말입니다. 사람들은 자신을 이끌어줄 별을 찾고 있습니다.

존경하는 스승님께

스승님, 안녕하세요!

정법강의를 만난 지 7년 차에 든, 청주시 흥덕구 가경동에 사는 장 근상입니다.

감사합니다. 스승님!

지난 2016년도 10월에 입도편지를 올린 후 이번에 다시 서신으로 이렇게 인사를 올립니다.

2016년 1월에 창원의 정 혜정 도반님의 정성으로 정법을 만나 공부하면서 가름침대로 재밌고 바르게살기 위해 하루하루를 저 자신을 갖추는데 노력을 하고 있습니다.

제가 사는 청주, 이 지역사회를 위해 무엇을 해야 하는지를 생각해 가며 부동산 중개를 바탕으로 큰 뜻을 품은 출판사업을 하기 위해 공부도 챙기고, 함께하는 도반들과 때때로 즐겁게 지내려 노력도 하고 뜻있고 보람되게 살고자 하는 마음으로 저 자신을 갖추기 위해 노력하고 있습니다.

지난날의 허튼 삶을 반성하며 한번 잘 살아보겠다고 성공을 염원하며 야심차게 사업 준비를 해서 시도도 했으나, 아직까지도 미진하여 앞으로 나아가질 못하고 있습니다.

그 세월이 올해로 자그마치 17년의 시간이 흐르고 있습니다.

모순에 대해 쥐뿔도 모르면서 똑똑한 이념만을 앞세워 추진했던 것이 그동안의 착오였던 것 같습니다.

바르게 하지 않으면 공든 탑이 될 수 없음도 알게 되었습니다.

제아무리 뜻이 높아도 모순을 가지고 있는 한 그것은 공염불에 지나지 않음을 공부를 하다 보니 제게 모순이 있다는 것을 늦게나마 비로소 알게 되었습니다.

스승님 말씀대로 기운만 컸지 안의 내공은 전혀 갖춰지지 않았던 것입니다. 군대도 다녀왔고, 한줄 글도 쓸 줄 알아 시인 소리도 들어가면서 나름 당당하게 살아온 인생이지만, 바른 시각으로 지금에서 보면 일반적인 것조차 갖춤이 되지 않았다는 것을 알게 되었습니다.

1을 갖추지 않고 2를 도모한다는 자체가 실은 엄청난 모순이라고 생각합니다. 그야말로 욕심의 함정에 빠져 다람쥐 쳇바퀴 돌 듯 허송한 세월이 된 것 같습니다.

허나 신은 이러 한 저를 아직까지는 버리지 않은 것 같습니다. 그 까닭은 제가 정법을 만나 공부를 하게 되었다는 것에서 알 수 있습니다.

정법을 만나고 부터는 바르게 사는 법 정법으로 새롭게 태어난다는 각오로 공부에 열중하다 보니 많은 이로움이 제게 용기를 주고 있습니다.

새로운 인연들도 하나 둘 늘고 만나서 재밌게 지내게 되고, 고질적으로 달고 살던 육체의 불편함도 많이 좋아져서 불편한 것이 많이 없어졌습니다.

저를 갖추어서 사람을 이롭게 할 수 있다는 생각이 들어 필요한 갖춤의 준비를 하다 보니, 이제는 삶의 사명으로 삼기에 이르렀고 반드시 완성해야 한다는 결론을 내렸습니다.

1962년 범띠생인 저는 홍익인간 1세대인 베이비부머로서 조금은 앞선 세대지만 그래도 아직까지는 시간이 있다는 생각으로 바른 분별을 바탕으로 하고자 하는 일을 하나씩 준비해가고 있습니다.

대원을 이루기 위해서는 갖추어야 할 것들이 많기에 목표와 목적을 함축시켜서 만든 것이 '조화풍요세인이행'이라는 이념입니다.

앞의 조화풍요는 목표를 뜻하며 세인이행은 삶의 목적을 뜻합니다.

'5가지 풍요를 조화롭게 갖추어서 사람을 이롭고 행복하게 한다.'라는 의미를 담고 있는 내용입니다.

저와 뜻이 맞는 많은 인연들과 함께 이웃과 사회와 나라와 인류를 이롭고 행복하게 하는 삶을 펼치고자 하는 원을 세웠기에, 이에 따른 필요한 갖춤을 위해 다양한 준비를 하고 있습니다.

그 하나가 지금 심혈을 기울이고 있는 일명 '황금노트북 출판 사업'입니다.

이것은 문화 콘텐츠로서 우리인류의 저마다의 삶을 기록해 역사에 남기는 일종의 정신문화 유산사업의 의미와 중요한 가치의 의미를 담고 있습니다.

이를 성장시키고 발전시킴으로써 제가 꿈꾸는 '이념친구의 나라'을 세우기 위한 자본의 한 축을 담당키 위한 하나의 매우 중요한 사업 분야입니다.

이념 사업의 시작을 위한 필수 성공 조건이기도 합니다.

이 하나가 됨으로써 다음의 하나가 시작되고, 그렇게 함으로써 종내는 우리가 목적한 이념을 펼치는 삶으로 발전할 것으로 믿고 진행하기 위해 준비하고 있습니다. 머잖아 즐겁게 시작하리라고 봅니다.

이 조화로운 풍요를 바탕으로 궁극의 목적인 자유와 행복을 우리 다함께 펼침으로써 홍익인간의 사명을 완수하고자 하는 마음 간절합니다.

지식과 관련 된 출판사업과 글 쓰는 일은 제가 하고 싶고 좋아하는 일입니다.

글 솜씨가 그렇게 썩 뛰어나진 않지만 이 사회를 위해 책 한 권 정도는 낼 수 있다는 생각이 많았었는데, 때마침 그동안 정법을 공부한 것을 엮어서 이번에 책으로 준비를 해서 조심스럽지만 영광스럽게 출판하고자 합니다.

제가 준비한 책으로 정법이 전달되어 우리의 이웃과 사회가 조금이라도 도움이 된다면 정말 좋겠다는 생각입니다.

책은 그런 기능을 하는데 더없이 좋은 작용을 할 것이라 믿습니다.

그동안 이 좋은 정법을 빠르고 쉽게 전달할 수 있는 방법을 찾으며 정법을 여러 방법으로 이웃들에게 전해보던 중에 스승님의 책을 전해보니까 효과가 있었습니다.

실제로 스승님의 책을 본 후에 어느 친구의 태도가 많이 변한 것을 보았습니다.

유튜브나 엠피쓰리 강의 보다는 책이 편하다는 주위 친구들의 말을 듣고 기회가 되면 저도 책을 통해 정법을 이웃들에게 전해야겠다는 생각을 늘 가지고 있었습니다.

그래서 시간이 될 때마다, 기회가 주어질 때마다 하나 둘 준비한 자료가 이제는 어느 정도 분량이 돼서 이번에 책으로 내려고 합니다.

이번에 준비한 책에는 그동안 정법강의를 듣고 느낀 것을 에세이 형식을 빌은 것과 작년 이맘때 충청지본 회원으로서 충청지회가 주최한 '정법나눔공부'을 한 것과 스승님의 책 "가면과 본색"을 읽고 독후감 형식을 빌은 것들로 구성하고 있습니다.

그리고 책은 항상 메시지가 있어야 된다는 생각에서 이번에 준비한 책도 "새로운 패러다임인 정법"이 우리들 곁에 나와 있음을 이웃과 사회에 알리려고 정법에 대한 메시지를 담고자 노력했습니다.

그냥 한 번 읽고 감흥으로 끝나는 책이 아닌 중요한 메시지가 있어서 이를 계기로 더 좋은 것과 연결 되게끔 하고자 가교 적 역할을 할 수 있는 메시지 담기에 주력했습니다.

저의 작은 실력에 빛나는 정법을 충분히 흡수하지는 못했지만 이를 감히 세상의 이웃들에게 내놓는 것은 이웃들이 하루라도 더 빨리 정법을 만나 저마다 가지고 있는 모순들을, 그러나 모르고 살고 있는 이웃들이 이 정법을 만남으로써 자신들의 모순이 뭔지를 깨닫고 바르게 살려는 노력을 할 수 있게끔 조금이라도 도움이 되었으면 하는 안타까움과 간절한 마음에서 준비하게 되었습니다.

그리고 이에 더해 그간 제가 공부하고 나눈 것을 자료화 하여 기록한다는 의미도 있습니다.

기록은 역사가 되기에 이 시대를 산 사람으로서, 새로운 물결인 '바르게 사는 법- 정법'을 접한 것에 대해 당연히 역사에 남겨야 하는 것 또한 사명의 하나라고 생각합니다.

앞으로도 공부의 수준에 따른 내용도 다양한 방법으로 책을 통해 기록화 하는 사업을 지속할 생각입니다.

저 자신이 끊임없이 노력하여 갖추고 발전하여 홍익지도자가 되고, 홍익이념을 실천할 많은 동지들과 함께 이 사회를 위한 교육서와 교육사업에 열정적으로 헌신함으로써, 작게는 이웃을 크게는 인류를 위해 사업할 수 있기를 진심으로 바라며 노력할 것입니다.

이는 제가 사는 이유이기도 합니다.

스승님!

아직은 제가 나이에 맞지 않게 힘이 다소 미진함을 잘 압니다.

허나 그렇다고 해서 노력도 해보지 않고 뜻을 접기엔 너무 허망한 삶이라는 생각입니다.

더구나 제가 뜻한 바대로 살기 위해서는 엄청난 노력이 필요한 것도 알고 있습니다.

결코 쉽지 않은 길이겠으나 그래도 노력할 가치는 충분하다고 생각하기에 비록 한참 모자란다 해도 하나하나 갖추어 끝내는 이루고야 말겠다는 마음을 다시 새기면서 준비하고 갖추는데 저의 역량을 다해 노력할 것입니다.

지난 2019년 4월 13일 아산의 카페 법문장에서 스승님을 처음 직접 뵙고 '언론의 시대적 역할'에 대한 질문을 드릴 때 했던 말이 생각이 납니다.

'이렇게 스승님을 뵙게 된 것은 저희 단양 장씨 가문의 영광입니다. 감사합니다!'였습니다.

이제 앞으로는 저의 갖춤의 크기답게 빛나는 일을 추구함으로써 우리 가문의 영광에 머물지 않고 이웃과 사회를 위하는 별이 되고자 노력하며 즐겁게 살고 싶습니다.

스승님!

저 자신을 먼저 갖추기 위한 배움의 길과 노력을 멈추지 않겠습니다.

이러한 제가 스스로 계획한 삶을 즐겁게 살 수 있게 바르게 이끌어 주시기를 간절히 소원합니다.

스승님!

앞으로 내내 항상 강녕하셔서 우리인류를 위한 진리의 법문을 많이 내려주시길 소원합니다.

스승님! 대단히 감사합니다!

2022년 5월 23일

장근상 올림

감사 기도문

★ 천·지·인 인연들이 있음에 감사합니다! 덕분입니다!(3번)

★ 2022년(후기10년) ○월 ○일 ○요일
새로운 아침을 즐겁고 활기차게 시작합니다.
감사합니다! 덕분입니다!

★ 홍익4행도 (3번)
나는 이웃을 위해 무엇을 해야 하는가?
나는 사회를 위해 무엇을 해야 하는가?
나는 나라를 위해 무엇을 해야 하는가?
나는 인류를 위해 무엇을 해야 하는가?

★ 나는 신으로서 조화로운 풍요를 갖췄으므로 세인이행 한다.

나는 신으로서 육체건강의 풍요, 정신건강의 풍요, 지식의 풍요, 물질의 풍요, 사람의 풍요를 갖췄으므로 세상과 사람들을 이롭고 행복하게 한다.

나는 신으로서 나와 뜻을 같이 하는 모든 인연들과 함께 이웃과 사회와 나라와 인류를 위해 이롭고 행복한 삶을 펼칠 수 있음에 진심으로 감사합니다! 덕분입니다!

하느님!

천공 스승님!

어제도 오늘도 내일도 오직 자신을 갖추어 이웃과 사회와 나라와 인류를 위해 이롭고 행복한 삶을 펼치기 위해 노력하는 우리 인연들의 기운을 크게 북돋아 주시고 강건하게 해주시고 바르게 이끌어주십시요.

우리는 함께 뜻을 모으고 함께 행동하며 함께 나누겠습니다.

우리는 반드시 홍익인간의 이념을 실천하는 삶으로 행복하게 사명을 완수하고자 합니다. 오늘 새날을 맞아 간절한 마음으로 축원을 올립니다. 감사합니다! 덕분입니다!

나와 항상 함께 하는 우리 인연들에게도 감사합니다! 덕분입니다!

오늘도 즐겁고 신나는 마음으로 우리 모두 다함께 파이팅!

감사합니다! 덕분입니다!

나는 아침에 눈을 뜨면 '감사합니다! 즐거운 아침입니다. 나는 기분이 매우 좋다.'라고 중얼거리며 바로 일어나지 않고 몸을 움직여가며, 온몸에 기를 불어넣으면서 마인드 컨트롤도 겸합니다. 그리고 일어나서 창문을 연 후 하늘을 향해 두 팔을 위로 뻗어 올리며 '감사합니다! 좋은 아침입니다.'를 외칩니다. 그렇게 하고 난 후에 입안을 헹구고 실온의 생수를 두세 모금 마십니다. 그런 다음 행진곡 풍이나 신나는 음악을 틀어놓고, 잠시 리듬에 맞춰 몸에 기운을 좀 더 돌린 후, 샤워를 한 다음 옷매무새를 만지고 나서, 준비된 이념을 앞에 두고 자리에 바르게 앉고서는 잠시 숨을 고른 후, 심신이 안정이 되면 위와 같이 기도를 올립니다.

이렇게 소중한 하루를 위해 아침에 준비하는 시간은 대략 한 사오십 분 정도가 소요됩니다. 항상 감사하고 즐거운 마음으로 아침을 열고, 심신의 준비 운동을 마치고 시작하는 하루는 항상 기분이 좋고 상쾌합니다. 이는 내가 추구하는 삶의 목적을 잊지 않고 반드시 이뤄내고 싶다는 메시지를 하늘에 고하고, 나 스스로를 담금질하는 시간으로 삼고자 하기 때문입니다. 또한 내 삶의 가치를 스스로 최고로 끌어올리기 위함이기도 합니다.

항상 감사합니다! 덕분입니다!

인생은

삶의 목적과 목표가 있어야

풍요로워집니다.

나는

이웃과

사회와

나라와

인류를 위해

무엇을 해야 하는가?

새 희망 찾기

2022년 9월 26일 초판 1쇄 발행

지은이 장근상
펴낸이 유정환
펴낸곳 도서출판 고두미
등록 2001년 5월 22일(제2001-000011호)
충북 청주시 상당구 꽃산서로8번길 90
Tel. 043-257-2224 / Fax. 070-7016-0823
E-mail. godumi@naver.com

ISBN 979-11-91306-34-7 03190

※ 이 책은 '청주시 1인 1책 펴내기 운동' 기금을 일부 지원받아 발간하였습니다.